U0042919

趙孫樹瑩、趙芝潔 著

ISABEL SUN CHAO

CLAIRE CHAO

# 追憶

## REMEMBERING SHANGHAI

A MEMOIR OF
SOCIALITES,
SCHOLARS
AND SCOUNDRELS

# 上海

一部關於名媛、學者與浪子的家族回憶錄

1968 年 2016 年

趙孫樹瑩和趙芝潔，攝於香港。

致先輩——趙芝潔（女兒），也致後人——趙孫樹瑩（母親）

# 目次

樹瑩

# 台灣中文版序

趙芝潔

親愛的讀者：

當您讀到這篇序言的時候，我深愛的母親趙孫樹瑩已經離開我們一年有餘。母親的逝去讓我深陷悲痛，但想到她在住院前不久仍然能玩上一整天的麻將，我感到些許安慰。

我的母親生前對推出《追憶上海》中文版滿懷期待。如今在她離世後一年之際，台灣的黑體文化出版了我們家族故事的繁體中文版，我的喜悅之情溢於言表，因為台灣在我母親心中佔了特殊的地位。

1950 年春天，母親離開上海定居香港後，曾多次訪問台北，她與我父親還在台灣和日本共度了蜜月之旅。而母親生命中一些最重要的人物也搬到了台北，包括她的阿姨費寶琪和姨丈陳長桐。陳長桐先生曾在中國銀行工作，協助發展台灣的銀行業，直到 1961 年他調到世界銀行，夫妻倆才離開台灣、搬到華盛頓特區。

樹瑩（左）與她的阿姨費寶琪一起在台北觀光，攝於 1960 年代。

陳長桐和費寶琪夫婦參加台北第一飯店的開幕典禮，攝於 1962 年。

　　而在上海陪伴我母親長大的親朋好友中，最重要的教父母（寄爹、寄娘）盧袁慧爕和盧小嘉也於退休後，在台北度過了安詳的晚年。

左到右：母親樹瑩和父親在台北度蜜月，母親的教父母盧小嘉和盧袁慧爕。

樹瑩（中間）和她敬愛的教父盧小嘉（右），於 1960 年代乘船遊覽日月潭。

在那期間，我的外祖母費寶樹也住在台北。在我母親離世幾週後，我在櫥櫃後面發現了一個香港連卡佛（Lane Crawford，當時香港最奢華的購物中心之一）的粉色塑膠袋，帶我走進了時光隧道。那袋子裡裝滿了雜亂的文件，都是我母親收集的。她在生活上不拘小節，可能認為這些文件比較重要，有必要保存，但不需特別整理歸檔。

我小心翼翼地展開一份泛黃、破損的《取代護照的身分聲明書》，日期是 1956 年 12 月 27 日。這是我外祖母身分的一個時間膠囊，或者更確切地說，是她缺乏正式身分的時間膠囊。自離開中國後，她沒有重新申請公民身分，也沒有申請居住證明，因此在這份聲明中寫下的家庭地址是「轉交台北中國銀行」（中譯），即她的姊夫陳長桐當時擔任高管的地方。上面提到她希望前往香港「參加女兒的婚禮」，並在「台灣淡水英國領事館」由英國副領事簽署同意。一枚藍色印章表明隔天，即 1956 年 12 月 28 日，我外祖母於護照管制處「抵達殖民地」。〔在二戰

費寶樹的「取代護照的身分聲明書」

結束後，淡水的英國領事館（又稱紅毛城）在 1946 年重新運作，一直維持到 1972 年 3 月，英國才正式撤館，結束業務。〕

在這次香港之行後，我的外祖母又返回台北生活了幾年。直到 1961 年費寶琪和陳長桐去了美國，她才永久搬到香港。對我而言，這是一份幸事，因為隔年我在香港出生，並有幸在「婆婆」的陪伴下長大。

芝潔與婆婆

母親離世後，於情於理都要由我整理她遺留的生命軌跡。我的母親非常時髦，自然就有數百件遺物要處理：成雙的鞋子和成套的手袋、珍珠項鍊、絲綢和羊毛圍巾，上面仍留有她最喜愛的玫瑰香水味。這些物品當然十分精緻，但對我來說，更珍貴的是那些有個人情感價值的物品。

我們常常將老照片視為凝固時間的紀念品，但環境和境遇會改變我們對其的看法和體驗。在我醞釀《追憶上海》並收集素材的十年中，母親常常和我一起翻閱照片，回憶其中的人和事；然後（通常在我追問下），才會想起對她個人而言，其中牽涉的背景和情感。

如今我發現，母親的離世也改變了我對她過去的看法。當我細細翻閱她年輕時的珍貴照片時，彷彿她的離去——不再只是一通電話的距離——抹去了她一生的歷程。當我注視這些照片時，不再只是回顧她過去的生活和她分享給我的點點滴滴。現在的我，彷彿正在走進她的生命，面對未知的將來。這讓我聯想到她童年時非常喜愛的蠶，它們在成長過程中一次又一次地蛻變。而這次經歷蛻變的是我，雖然已是孤兒，卻宛如新生、充滿希冀。

等待我的是全新的開始，是未走過的路，是命運的轉盤。

在我最後一次瀏覽父母多達七十本的相簿時，我發現了一些我不記得曾見過的照片。這一張是我母親在 1960 年代的香港拍攝的照片，她被一群熱切期待的女性朋友圍繞著——我不確定她們期待些什麼，也許她們自己也不確定。

樹瑩（左三）與一群女性朋友，攝於 1960 年代的香港。

　　我有些後悔未曾問過母親是否有任何遺憾，但也不至於輾轉難眠，因為母親肯定會回答沒有遺憾。對此我深信不疑。

　　現在我已六十多歲，是居住在夏威夷的香港裔美籍華人。我意識到，實際上我已踏上了母親曾經走過的人生路。有時，我也會像她一樣，對一個早已不復存在，或已經物是人非的地方充滿鄉愁。

　　正如一位智者所言，「只要一個故事被講述出來，它就永遠不會結束。」

趙芝潔

2024 年 3 月於夏威夷檀香山

# 推薦序 年華似水流

中央研究院近代史研究所兼任研究員 羅久蓉

　　上海獨特的地理位置使它成為中國最早面向世界的城市之一，傳統與現代在此擦撞出的火花，很快傳遍神州大陸。來自海內外各地的移民賦予它一種特殊的風土人情，林蔭大道掩映下氣派的西式豪宅與市井小民寄居的弄堂石庫門亭子間乃至貧民窟之間，不僅寓意著階級之分，也代表著文化上的歧異。上海自 1843 年 11 月開埠以來，歷經戰火洗禮；從太平天國興兵、滿清王朝覆亡、辛亥革命、軍閥割據、日本侵華、淞滬戰役，到社會主義共產革命席捲全中國。生活在這座有「冒險家樂園」之稱的亂世兒女，在追逐夢想、歷盡滄桑的同時，不僅見證百年中國天翻地覆的變化，也在不知不覺中墜入歷史的漩渦，成為五彩斑斕海上傳奇的一部分。

　　繼 2013 年中國作家金宇澄以描寫上海市民生活的長篇小說《繁花》獲得首屆魯迅文化獎小說獎、第九屆茅盾文學獎之後，2023 年國際知名導演王家衛推出改編自同名小說以 1990 年代中國改革開放為背景的同名電視劇，讓人們的目光再度聚焦於這座城市。本書中譯本《追憶上海》在此時與華文讀者見面，又一次為這傳奇平添光彩。但不同於電視劇《繁花》商戰煙硝火花四射的濃墨重彩，本書把時間從 1930 年代往上推移至滿清末年，講述的是一個家族興衰與離散的故事，一個來自浙江紹興出身寒微的小僮堂刻苦自勵、奮發向上，通過欽差大臣曾國藩、滿清貴胄榮祿的賞識提拔，獲得朝廷重用，最後在天津海關道任內累積巨額財富，四十多歲即告老還鄉，在常熟、上海租界一帶買房置產，繁衍後代，先後跨足銀行、金融、船業、旅館等新興行業，成為地方上呼風喚雨的頭面人物。這位小僮即是本書作者趙孫樹瑩的高祖父、趙芝潔的太外高祖父。

《追憶上海》是趙孫樹瑩、趙芝潔母女以十年時間通過走訪故居、睹物思人、親友訪談等各種不同方式整理出來的回憶，書中輯錄了許多珍貴老照片，雖然主述者是母親樹瑩，但策劃與撰述編輯工作多半還是落在女兒芝潔肩上。整體而言，這是一本充滿設計感的回憶錄，即使通過白紙黑字，讀者也可以感受到大量訊息背後極其鮮明的圖像思維方式，趙芝潔於普林斯頓大學主修東亞藝術史的才華在此展現無遺。

　　除了趙孫樹瑩、趙芝潔母女，本書在一定程度上得力於一位熟悉近代上海與孫家歷史的親人，此即 1949 年以後隨祖母、父親及兩個妹妹留在上海的孫樹棻——也就是樹瑩的弟弟。在本書中，趙芝潔也表示自己曾參考舅舅的著作，並列出書目供讀者參考。孫樹棻（1933-2005），上海第十六中學語文教師，1963 年開始發表文章，文革結束後，重新提筆，是位多產作家，在中國大陸和香港等總共發表紀實文學、文史掌故與長篇小說多達五十五本，其中篇小說《夜深沉》曾獲上海市首屆文學作品獎。孫樹棻憑藉生動活潑的文筆、敏銳的洞察力，以及異於常人的生活閱歷、吸引了眾多讀者。他的寫作題材涵蓋近代上海社會的方方面面，而包括自己家族在內的上海豪門世家更提供他源源不絕的素材。他沒有留下個人回憶錄，但經常在雜文中穿插一些自己在成長過程中耳聞目睹的掌故軼事，自成一格。如〈甲午同庚千齡會〉講述的就是父親五十歲那年，應同庚老友前中國駐法大使張君謀之邀，參加由包括汪亞塵、吳湖帆、梅蘭芳著、周信芳在內二十位同齡藝術家雅集的由來。

　　孫樹棻終身未娶，可以說沒有盡到傳宗接代的責任，但從小由祖母一手帶大的他，日後卻以文史作家的身分，講述保存家族的記憶。據其自述，初中時沉迷武俠小說，每月的零用錢幾乎都花在買武俠小說上，好在比他大五十六歲的祖母是一個武俠迷，許多書都是老人家吩咐家人買回，替他省下不少錢。[1] 除此以外，每週固定時間陪祖母去書場聽書，成為童年最美好的記憶，儘管當時零食的吸引力遠大過「評彈」（同樣

...

1　孫樹棻，〈「還珠樓主」筆名由來〉，《上海灘風情》（上海；學林出版社，2009），頁 117-118。

場景也出現在樹瑩的回憶中），但這些耳濡目染的日常生活點滴，卻也在無形中培養出兒童對文學的興趣與品味，為日後書寫提供養分，成為另一種形式的薪火相傳。

幾乎所有豪門巨宅背後都隱藏著一些不為外人所知的秘密——即使在上個世紀初新聞紙與小報快速崛起的時代，這些秘密很快就暴露在公共視野之下——孫家也不例外。除了書中提到的祖父孫直齋綁架事件、母親費寶樹險遭拐賣、幸賴國府軍政大員宋子文、顧祝同出動軍隊緊急救援保住一命各節，《申報》、《新聞報》等各大媒體多次刊登父親孫伯繩與妻妾相互責難、對簿公堂的公告／聲明。在那個傳統社會逐漸從多妻制轉變為一夫一妻制的時代，男子擁有三妻四妾並非異聞，但高價聘請著名律師，試圖尋求法律途徑與髮妻離異，除了顯示孫伯繩家貲豐厚、不畏人言之外，無論是妻或是妾，孫家女性以行動爭取婚姻自主、經濟自主權的勇氣可圈可點。

對於父母在這段最終以離婚收場的婚姻中誰是誰非的問題，子女的回憶不一而足。在大女兒樹澄心目中，父親是一個風流成性的紈褲子弟；但樹瑩因為少不更事，記憶中的父親又是另一種面貌，她除了感懷父親對自己的疼愛，她的回憶也觸及父母親在個性上的差異、喜好不同、生活方式不同，因此更願意給予父親較大的寬容。樹棻寫的《豪門舊夢》，特地附上母親結婚時的照片，想必以有這樣一位美麗大方、雍容華貴的母親為榮。人無法選擇自己的父母，正如人無法選擇自己的原生家庭一樣。在本書中，樹瑩母女沒有刻意美化或醜化祖輩先人的形象，而是通過文物喚起的溫柔記憶，緬懷追思，沒有咎責，只有尊重。

歷經百年動亂，離散在中國幾乎是每一個家庭繞不開的功課。1949年中共建政後，在政治制度、社會經濟、文化藝術各方面推動變革，在遍及全國三反、五反、大躍進、文革一連串政治運動中，孫氏父子歷經掃地出門、勞改下放等政治迫害。2005 年 9 月孫樹棻的去世，標誌著一個時代的結束，但當大家都以為家族的血脈就此中斷，孫家的故事卻透過孫伯繩收藏的文物，趙孫樹瑩與趙芝潔母女的回憶，以及一張張拜現代科技之賜曝光的寫真照，再度浮出地表。孫樹棻曾以「富不過三代」

概括包括自己家族在內的上海豪門世家如何從絢爛歸於平淡。在慨嘆之餘，也透露出些許無奈。然而命運的安排總是出人意表；生長在海外的第五代孫輩趙芝潔雖然不姓孫，但一股神秘的推力，卻讓她在外祖父孫伯繩流傳海外一幅書畫收藏品上的題字發現了玄機，從而開啟她的尋根之路。這樣千迴百折的傳奇故事不能不讓人驚訝於文化無遠弗屆的穿透力，既超越了社會變遷，也超越了政權移轉！

1930 年代上海南京路的壯麗圖像，馬路左側是永安百貨，右側是先施百貨。

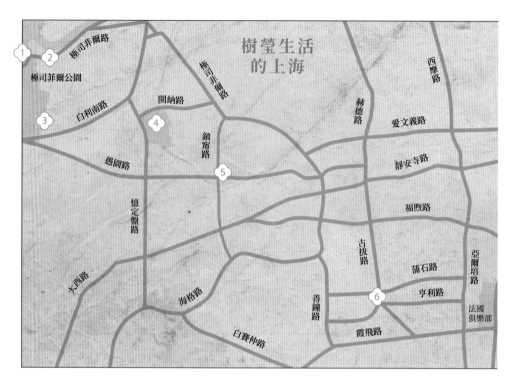

樹瑩生活
的上海

極司非爾路
極司非爾路
極司菲爾公園
白利南路
開納路
愚園路
鎮甯路
憶定盤路
大西路
海格路
善鐘路
白賽仲路
霞飛路
赫德路
西摩路
愛文義路
靜安寺路
福煦路
古拔路
蒲石路
亨利路
亞爾培路
法國
俱樂部
大光明
電影院

① 聖約翰
　大學

② 西園公寓

③ 聖瑪利
　亞女校

④ 中西女中

⑤ 鎮甯路
　367 號

⑥ 愛埃令
　夜總會

⑦ 大光明
　電影院

⑧ 會樂里

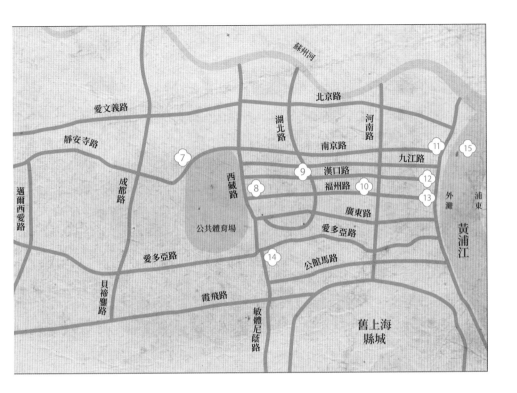

蘇州河

北京路

愛文義路

湖北路

河南路

靜安寺路

南京路

⑦

九江路

⑪

⑮

成都路

西藏路

⑧

漢口路

⑨

福州路

⑩

⑫

邁爾西愛路

公共體育場

廣東路

⑬

外灘

浦東

黃浦江

愛多亞路

愛多亞路

⑭

公館馬路

貝禘鑾路

霞飛路

敏體尼蔭路

舊上海
縣城

---

⑨ 惠中旅社

⑬ 香港上海
滙豐銀行

⑩ 商務
印書館

⑭ 大世界

⑪ 華懋飯店

⑮ 黃浦江

⑫ 海關大樓

# 前言
## 記得那年剛十八

上海，
2008 年

　　這是一棟堅固而莊嚴的洋樓，它高高的山牆在上海明媚的天空下呈現出淡黃的色調。我和女兒挽著手佇立在門口，靜靜地凝視著，絲毫沒有察覺周遭不耐煩的汽車喇叭聲。這裡是我闊別六十年的家。我跟隨芝潔的目光，看向二樓黃褐色的窗框，感覺有些異樣。這棟建築雖重新粉刷過，但窗戶蒙著厚重的塵土，彷彿數十年無人擦拭。

　　塵封的記憶在上海的車水馬龍間被重新喚醒，一幀幀飛快地在我的腦海中閃現。

　　我心頭縈繞著最後的童年印象，我的老祖母像雕塑一般靜立在窗邊，注視著我整裝出發前的一舉一動。那年我才十八歲，正準備去香港享受人生中的第一個假期。清晨的陽光透過格子柵欄，使整座花園籠罩在柔和的光暈中，而不稍多時這裡就會酷熱難耐。傭人們列隊站在正門外，看著父親為我送行。父親像往常那樣慈愛地撫著我的肩，但他透過

圓框眼鏡端詳我的神情很嚴肅：「三妹，在外面自己要多當心。我們會想念妳的。」

我登上每天早晨送我上學的三輪車，拎著一隻粉色的小手提箱坐在皮質坐椅上，感覺自己成熟又貴氣。

我們經過家裡的車庫，裡面停著一輛大型美國別克轎車，雖因多年買不到汽油而一直閒置著，卻仍像博物館裡的黑瑪瑙雕塑一般，靜靜地閃耀著光芒。

三輪車夫踩踏板的節奏熟悉而單調，平常總令我昏昏欲睡，但今天的我卻毫無睡意。我長這麼大還從沒有離開過家人和朋友，而很快地我就要第一次坐火車，去人們口中比上海更令人興奮的地方了。

晨風裡夜來香的甜蜜氣息令人陶醉，回頭望去，家裡那棟房子漸行漸遠，而祖母仍然一動不動地在她臥室的窗邊目送著我。不知為什麼，我彷彿知道她會在那裡站上很久很久，看著我的三輪車駛出門口的馬路，再加速駛入租界寬闊的林蔭道。我疑惑她為何如此執著，我不過是去度幾週假而已。我忽然閃現出一個有趣的想法：等到了香港，我要給她買些特別的糖，上海已經有段時間買不到這些精緻的東西了。

這時芝潔打斷我的思緒，「這棟樓是不是和您記憶中的不太一樣？」

「嗯，一切看起來都比原先小很多……，顯得很破舊。」

「媽媽，我知道這對您來說很不容易，要是您不願意，我們就不進去了。」我裹緊身上的羊毛開衫，說：「沒關係，我們來都來了。」女兒說的沒錯，我對回到自己兒時的家這件事並不熱中。相比之下，芝潔更樂於直面歷史，追溯家族多姿多采的過往。畢竟，我們是一個出過社交名媛、文人學者和洋場浪子的世家。我相信，女兒有決心也有能力，透過日本侵佔、國共內戰和社會主義革命的紛繁歷史，拼湊梳理出我們家族故事的點點滴滴。

我們轉過身背對房子，面向喧鬧的大街，耳邊縈繞起機械蜂群般的摩托車轟鳴聲、上海話閒聊聲，還有喇叭裡傳出的台灣民謠歌聲。我的目光穿過車流和密集的商店，試圖辨認出家裡原來的柵欄。那環繞整棟房子的竹編柵欄，曾經像蠶繭一樣保護我的童年。

現在商店林立的地方曾是父親的書房和門廊，從那裡可以俯瞰整座花園，十分靜謐。如今，取而代之的是五金店、煙草零售店、精品女裝店以及一家裝著亮紅色遮陽蓬的便利店。

「我五妹曾說起，五十年前地方政府開始拓寬這條馬路」，我告訴芝潔，「每次他們都會多占掉這棟房子的一些面積」。我們的柵欄不見了，可愛的花園也不見了。

我望著女兒的臉龐，她微微上翹的眼角，稍鉤的寬鼻和飽滿的嘴唇

趙孫樹瑩在鎮甯路 367 號的故居，攝於 2008 年 10 月。

像極了我。

「新政權上台時，我剛十八歲，無憂無慮，天真的不可思議。」我接著說。「我只關心電影、夜總會和最新款的時裝。毛澤東當選國家主席後，我也沒想太多。身邊一些朋友搬走了，但沒有影響到我，我從沒想過自己會離開上海。」

我們穿過繁忙的街道，直接從大馬路走進這棟房子。這種感覺很奇怪。「以前我們都要穿過花園小徑才能進來，估計是在修馬路的時候被鋪平了。」

　　當我們走到家門口時，埋藏已久的記憶湧上心頭。「我的父母個性截然不同，」我說，「姆媽（上海話的媽媽）生性溫柔低調，年輕的時候喜歡打麻將和晚上去城裡消遣。」

　　「那您父親呢？您很少提起他。」

　　「我一直很遺憾你們沒見過面。爹爹（上海話的爸爸）是個藝術品收藏家，也是儒家學者。妳小的時候，我一直不忍想起他。我離開上海後，他過得很不好。」

　　芝潔攓緊我的胳膊，「那時他們已經離婚了，對嗎？」

　　「對，那時姆媽已搬去香港。當爹爹說我能和她一起住幾個星期時我高興極了。那時太天真了，真的以為只是個歡樂假期。」我深深地歎了口氣。

　　「收拾行李的時候，我只帶了幾套夏裝。我從沒想過會再也見不到父親和祖母，但他們卻知道我很可能再也不會回來。」

　　芝潔轉過頭望向祖母臥室的窗戶，「所以您祖母才會一直站在那裡目送您離開。要是他們看到房子變成現在這樣，一定會很吃驚。您說是不是？」

　　一道棕色鐵門取代了曾經西班牙風格的優雅拱門，顯得過於工業化，令人生畏。我們試圖把門推開，卻發現上了鎖。

　　於是我們不得不挨家逐戶去詢問，看看有沒有哪位好心的店主肯借把鑰匙給我們。我用上海話向他們一個一個解釋：「我小時候住在這裡，這次是特地從香港過來尋找回憶的。」

　　芝潔小聲對我說：「我們要是穿得隨意點就好了，現在一看就像外地人。」

　　她說得沒錯，每個店主都警覺地打量我們。我女兒長期生活在夏威夷，古銅色的皮膚散發出西方人的氣質。而我自己則穿著淺色羊絨套裙，配戴珍珠項鍊。老實說，我今天已儘量穿得樸素了！

24

我注意到其中一個店主警惕又好奇地看著我，或許是想到我家人曾經擁有和失去的一切，轉而又變成了同情。像我們這樣的家庭數不勝數。

　　最終，我們在煙草店老闆那裡借到了鑰匙。「您準備好了嗎？」芝潔問我。我扶了扶肩上的包，跟著芝潔走出菸草店。

　　鐵門打開的時候吱呀作響，關上時又震耳欲聾，令我更加緊張。走進屋子後，街上的喧囂漸漸消失了。我們把每個開關都試了一遍，才發現根本沒有裝燈泡。當我們漸漸適應黑暗時，門廳映入眼簾。曾經高雅溫馨的空間，如今除了一輛鏽跡斑斑的自行車靠在搖搖欲墜的灰牆上，空空如也。

　　空氣中瀰漫著令人不適的汗味和黴味，角落裡布滿裸露的電線，管道沿著牆壁肆意蜿蜒。裝飾藝術風格的鐵欄杆氧化成了朱砂色，向上延伸到一處平台。那裡，潮濕的光線穿過骯髒的窗戶照了進來。和外面飛揚的塵土不同，裡面的灰塵像沉澱物一樣粘在我們的衣服、頭髮和皮膚上，嘗起來有絨毛質感。

　　「妳看，」我對芝潔說，「這樓梯的欄杆還是那麼優雅，這麼多年過去了，依然是美麗的紅色。」我深情地撫摸著欄杆，注意到我的指甲染著同樣的顏色。牆上放置著幾個青瓷花盆，裡面的泥土已經乾涸，遺留著幾株為了生存而極力抗爭的植物殘骸。

　　「這裡原來有一部電話機，」我指著樓梯旁邊，「妳看，這裡還有掛在牆上的痕跡。」記得它剛安裝的時候，樹澄和我是多麼開心，只要電話鈴聲一響起，我倆就飛奔下樓去接！我到現在都記得家裡的電話號碼是 21382。

　　芝潔傾身向前看了一眼前廳，相連的幾個房間都房門緊閉。「您覺得現在這裡大概住著多少人？二十五人、還是三十人？」

「應該和我住在這裡的時候差不多,包括傭人的話。現在門都關著,很難想像裡面的格局。我們以前門都是敞開著的,透過落地窗一眼能看到花園。」

儘管我一直不願意回首遙遠的過去,但芝潔的好奇心還是感染到我。我開始像偵探一樣,仔細地偵查七十多年前我家人在這些房間裡留下的生活痕跡。我們步入一條走廊。「這裡曾經通往正餐的餐廳,餐桌上總是布置著精心打磨過的銀製餐具和歐洲水晶杯,但我們從不在那裡吃飯。喔,這道門通往爹爹的書房,我最喜歡這間房間,尤其是裡面散發的舊書籍和濕墨汁的氣味。」門是半掩著的,女兒向裡面瞥了一眼,房間是空的。「大概是最近剛有人搬出去。我們進去看看吧,媽媽。」一進書房,我就回想起原來沙龍的樣子,一如我孩童時代般清晰。「這裡是爹爹展示他收藏的傢俱和大件藝術品的地方,有很多易碎品,有一次我和弟弟弄壞其中一件。記得那次我倆在外面玩得太冷了,就溜進這裡,四處奔跑。」我的眼睛在布滿灰塵的硬木地板上搜尋蛛絲馬跡。「妳看這裡,地板上有個凹痕」

女兒蹲下來,用手指在風化的拼花地板的凹痕處摩挲。「妳有沒有發現這四個凹痕靠得很近?這是一塊供石留下的印記。供石也稱「文人賞石」,是爹爹最喜愛的文玩之一。」芝潔點著頭,「我也喜歡供石,但不知道您父親也收藏。當時發生了什麼?」

「我把它從底座撞了下來,彈落到地板後裂成了兩半。這件事讓我難過了好久,一個星期都沒有睡好覺。」我們繼續上樓,來到曾經的臥室和起居處。原先每層都有三間陽光明媚的房間,如今都冰冷地鎖在金屬格柵後面。「這裡看起來像個監獄。」芝潔說。

在頂層平台令人窒息的黑暗中,我們聽見餐盤碰撞和母親責備孩子的聲音。在來之前,我倆討論過是否應該見見現在住在房子裡的人,但此刻我完全失去勇氣。我曾經在這裡長大,但此時我感覺自己是闖入者,一個不速之客。從某種意義上來說,也的確如此。

回到樓下,我們穿過骯髒的公用廚房走到通往花園的邊門。原先的草坪上澆上了水泥,散落著各色雜物:塑膠桶、舊鞋子、裝了大蒜頭的

袋子和朝天鍋，曬衣繩上掛著蕾絲胸罩和男人的襪子。

但在我的腦海裡，我看見一盆盆紫褐色的大麗花和柵欄上綻放著的牽牛花，聽到我和妹妹數桑葉時的歡笑聲，以及看到昆蟲跳出來，驚恐地大叫的聲音。

在院子的一頭，有一間動物牢籠般的小屋子，裝著鋁合金防盜門窗。不知道其用意是不讓外面的人進去，還是不讓裡面的人出來。當芝潔忙著拍照片時，一個上年紀的人開門走了出來，他氣急敗壞地揮舞著手臂，剪得很短的頭髮就像一把歪向一邊的毛刷。

「喂，不許拍！妳在幹嘛？拍什麼照？不許拍！」他用普通話大聲叫喊著，顯然不是上海人。

他穿著喇叭褲和一件茄紅色的T恤衫，胸前印著英文「座艙系列」字樣，看起來有點衣冠不整，大概是我們打擾了他的午睡。等我用反復演練過的話向他說明來意後，他才平靜了下來。過了一會兒，他回屋裡套上一件夾克走了出來，打算和我們聊聊。

「我姓程，」他主動介紹自己，看起來已打消了疑慮。「我的父親在1966年搬到這裡。那年文化大革命剛剛開始，房子很緊張。我父親是個軍官，分到了這裡的一間房。」他擦了擦額頭上的汗，接著說：「第一次到這裡時，我簡直不敢相信能有人家住在這麼好的地方。」

芝潔擺弄著她的相機，為我們家以前的富裕感到不好意思。我有些哽咽地問道：「程先生，您有沒有見過這房子原先的主人？他姓孫。」

「我當然記得。他是妳父親吧？」他饒有興趣地打量著我。「我還記得他的樣子……銀白色的頭髮，圓圓的臉，戴著一副金絲眼鏡。我記得他的手很柔軟，是個過慣好日子的人。」

程先生不好意思地笑著，「我們叫他『老先生』。他很有修養，不像我和我父親。人也總是很客氣，完全不像傳說中那些惡霸地主。」他搖了搖頭，「和我父親同一天搬進來的還有十家人。當時沒有人管事，

各家為分到哪個房間吵到不可開交。我不懂他們有什麼好抱怨的，能住到這樣的地方已經很幸運了。」

一陣風把枯葉吹落到院子裡。

「我搞不懂妳父親。他所有的東西都被沒收了，包括這棟房子，可他對人還是很友善。要知道，那個時候我們幾乎一無所有。」

程先生對爹爹的評價激起了我壓抑多年的情感。離開上海後，我很少提及過去。芝潔對我們家族的歷史更是知之甚少，而這位陌生人口中爹爹的情況，連我都一無所知。芝潔見我有點站不穩，馬上穿過院子拽來一把破塑膠凳子，讓我坐下來。

「我父親剛搬來的時候連個茶杯都沒有，」程先生接著說，「老先生把自己的一個帶蓋的青瓷杯送給了他，那個茶杯比他任何的東西都要好。他用了四十多年，每天都用，直到用壞為止。」他環顧了院子，「你們住在這裡的時候，這地方一定很漂亮。」芝潔和我不由地對視了一下。

「他們說老先生曾經有好幾條街的房子，是真的嗎？據說當年三馬路和四馬路都是他的呢！」

面對他的問題，我不知如何作答。向他講述我們家族曾經的輝煌和爭議只會顯得炫耀。我想起那位官至重臣的童僕和慈禧的恩寵、想起了那些紈褲子弟和數百家僕、想起那些旅館和公寓樓、那些汽輪和無價的藝術品收藏，想起那些姨太太和醜聞⋯⋯最終，我決定保持沉默。

程先生傷感地說：「人生無常啊，妳父親最後的日子竟然就住在這餐廳裡。」他指了防盜窗的方向，「這可是整棟房子最小的房間。妳知道嗎，直到他中風，幾乎走不動路了，還要掙扎著去掃院子。」

聽到這些我感到無比痛心。爹爹 1969 年逝世時，我已二十年沒見到他。當時的中國與世隔絕，我沒能趕回來奔喪。對我來說，他就像他收藏的藝術品和曾經擁有的一切那樣，消失得無影無蹤。

「妳父親去世後，餐廳空了好幾年，」程先生接著說，「直到我來到上海搬了進去。」我一想到爹爹在他人生最後的歲月竟然蝸居在這牢籠似的小屋裡，就感到不寒而慄。

程先生像是突然想起來似的：「妳今天來這裡是要把房子收回去

樹瑩，攝於 1948 年 9 月。

嗎？」他瞇起眼睛。「我是不介意，不過可能得花點時間，說不好政府會分給我一套新的房子呢。」他滿懷希望地說。

這場對話近乎離奇。不管是不是他本意，程先生客觀上代表那些奪走我父親的財產、踐踏他尊嚴的人。

「我們沒有計畫要回這棟房子，」我微笑著說，「我年紀大了，孩子們也對搬回上海沒什麼興趣。」

「妳看起來還很年輕，是哪一年出生的？我是屬羊的。」程先生對我們說。

中國的生肖是十二年一輪，每年都對應不同的屬相。從他的生肖來看，我推測自己和他都出生在 1931 年。兩條截然不同的人生軌跡在近八十年後交會了。

　　芝潔接著問程先生是否可以為他拍張照片，他立即理了理頭髮，使勁拉平夾克上的褶皺，擺出略顯僵硬的姿勢，用尷尬的微笑表示他準備好了。

　　我向程先生表示感謝，「希望您在這裡住得開心，祝您健康長壽！」語氣很是正式。從程先生口中聽到我父親的情況，使我不自覺地恢復了許久不用的講話方式。在當時的場景下，如此禮貌的用語和恭敬的點頭顯得頗為不合時宜。

　　我們乘車回酒店的途中，芝潔問我當年日本憲兵、鴉片貿易和食物短缺等情況。但我更願意和她分享上海 30、40 年代曾經充滿活力：夜總會裡爵士樂隊演奏著歡快的曲調，華爾滋、狐步舞可以跳上一整夜；寬闊的林蔭大道兩旁是琳琅滿目的時尚精品店、蛋糕店和小餛飩店；劇院、電影院等各種娛樂場所比比皆是。我還記得姆媽會在時髦的衣服外披一件貂皮披肩就匆匆出門，留下爹爹在他的書房裡手執毛筆，在卷軸上肆意揮灑。

　　2008 年回上海之前，我給芝潔看過一張照片，背面有我手寫的日期：1949 年 12 月 9 日。這是我在上海拍的最後一張照片。我當時正在最熱門的聚會地點愛埃令夜總會與朋友們小聚，眼睛閃著青春自信的光芒。我的背後是一幅中國畫師繪製的裝飾壁畫。壁畫描繪太平洋天堂的風光，淺藍色的大海，搖曳生姿的棕櫚樹，還有身穿草裙跳著呼啦舞的少女。這些少女是照著好萊塢女演員麗塔‧海華絲（Rita Hayworth）和瓊‧愛麗森（June Allyson）的模樣所畫，但瓊的烏克麗莉琴畫得很像中國的琵琶，很符合上海獨有的東西方文化交融的特色。

　　幾個月後，我離開了自小熟悉的家。在歷經數十年的戰爭和危機後，這座城市發生了新的政權更迭。數以千計的人離開了上海。

　　當計程車駛離鎮甯路，我想起當年那個喜歡養蠶、愛看好萊塢電影的天真少女，但還沒有意識到即將和女兒踏上一段長達十年的旅程。我

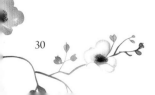

們在這段旅程中不斷追溯過往，從一起家族搶劫案、祖父被綁事件和寄爹與黑幫的恩怨，到母親在戰火紛飛中穿越中國並險遭拐賣的經歷，再到父親夢想破碎後從失而復得的收藏品中找到救贖的故事，揭開了一段段家族歷史。

樹瑩，攝於愛埃令夜總會，1949 年 12 月 9 日。

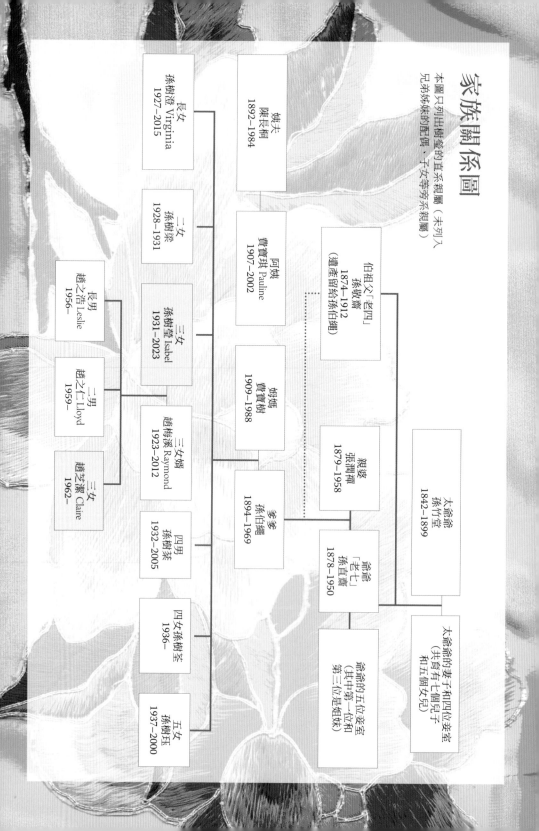

# 家族關係圖

本圖只列出樹鎣的直系親屬（未列入兄弟姊妹的配偶、子女等旁系親屬）

大爺爺
孫竹堂
1842-1899

大爺爺的妻子和四位妾室
（共育有七個兒子
和五個女兒）

伯祖父「老四」
孫敏鼐
1874-1912
（遺產留給孫伯繩）

親婆
張潤檽
1879-1958

爺爺「老七」
孫直齋
1878-1950

爺爺的妻子和四位妾室
（其中第一位和
第三位是姐妹）

姨夫
陳民桐
1892-1984

阿姨
賈寶琪 Pauline
1907-2002

姆媽
賈寶樹
1909-1988

姨爹
孫伯繩
1894-1969

長女
孫樹蓥 Virginia
1927-2015

二女
孫樹棠
1928-1931

三女
孫樹鎣 Isabel
1931-2023

三女婿
趙梅溪 Raymond
1923-2012

四男
孫樹棻
1932-2005

四女
孫樹荃
1936-

五女
孫樹珏
1937-2000

長男
趙之浩 Leslie
1956-

二男
趙之仁 Lloyd
1959-

三女
趙芝潔 Claire
1962-

# 三女兒

我在六個兄弟姊妹中排行第三，父親為我起名孫樹瑩。在中國，名字中的第一個字為姓氏，第二個字通常為字輩，用於區分輩分和親屬關係，一般為兄弟姊妹所共用，以顯示他們是同一輩人或屬於同一核心家庭。唯有第三個字是屬於自己的。

算命先生說我命裡缺火，需要透過名字加以扶正。於是爹爹將我命名為「瑩」，上面兩把火，下面一塊玉，寓意「閃耀光芒的寶石」。我不確定自己是否實現了父親對我的期望。

我深愛的姆媽，也是家中的三女兒。芝潔，我最小的孩子，也即本書的合著者，亦是三女兒。本書是我們共同撰寫的全家四代人的故事，其中，芝潔作為第五代人的代表，書寫了註釋和邊欄，為那個時代的歷史和文化背景提供了解釋說明。

芝潔（左）和母親，攝於 1960 年代。

# 第一章
## 母親節

　　我拉開在爹爹備用眼鏡和雕花墨水瓶正下方的抽屜，發現了一堆照片，便小心翼翼地把它們抽了出來。這些黑白照片上的女子年輕貌美，是我從來沒有見過的。

　　那是 1938 年的夏天。我和樹澄正在花園裡玩，一場大雨傾盆而下，我們趕緊躲進屋子。我們經過法式門廊，衝進了爹爹的書房。那天下午他正好外出，我們決定在那待到雨停。我心不在焉地擺弄他書桌上的抽屜，發現了這些照片。

　　「大姊，妳快看，這些漂亮的阿姨是誰？」七歲的我問樹澄。她比我大四歲，要懂事很多。「讓我看看，」她用纖細的手指把照片從我肉嘟嘟的手裡抽出來，快速地翻看起來。「唉，我恨爹爹！他怎麼這樣？」她哭喊著，把照片往房間裡一扔，「妳還說她們漂亮？哼，她們是我見過最難看的女人，根本就不能和姆媽比！」

我不知所措地看著這些照片，就像受傷的蝴蝶般飄落一地，急忙跑過去把它們從栗色地毯上撿起來。我不懂她為什麼這樣大驚小怪，「大姊，她們是誰呀？妳為什麼要對爹爹發這麼大的火？現在照片打亂了，我都不知道等下要用什麼順序放回去，要是爹爹發現我們動過抽屜了怎麼辦？」

　　「發現又怎麼樣？應該羞愧的是爹爹，不是我們。把它們扔到垃圾桶裡去。」樹澄用腳尖踢開一張照片。「妳怎麼什麼都不懂？這些女人是他的情婦，他的女朋友。他，他……和她們做一些事情，送她們禮物，帶她們去吃大餐。這對姆媽太不公平了！」

　　眼淚緩緩地從樹澄的臉頰上滾落下來。這讓我想起有一天午飯吃得比平常早，父親和母親為了某件事發生了爭吵。樹澄平時和姆媽更親，開始大聲抽泣。「大姊，不許哭！」爹爹厲聲斥責。樹澄哭著跑出餐廳，留下其他人一聲不響地吃完了午飯。過了一會兒，樓下電話鈴聲響起，打破了餐桌上的僵局。我們的管家阿四在樓梯口用熟悉的聲調朝樓上喊：「少奶¹，您的電話！」

　　姆媽匆匆走出餐廳下樓去接電話。親婆²壓低聲音對父親說：「這婆娘又要出去尋開心了。」不管爹爹心裡怎麼想的，他都沒有吭聲。

　　樓下，姆媽的朋友邀請她一起去羅西飯店吃下午茶，然後到法租界的另一個朋友家打麻將，再去一家新開的俱樂部聽爵士音樂會。我們猜想母親會立刻動身，然後第二天中午起床後才會再出現。

　　後來在我們自己的臥室裡，樹澄向我透露，「姆媽私底下問過我，她應不應該和爹爹離婚，我說，當然應該離！」她皺起了眉頭。「我聽到爹爹跟親婆說姆媽做了不光彩的事情。親婆說，爹爹應該休了姆媽，否則會讓家族蒙羞。這怎麼可能？」

　　我無法想像姆媽會做什麼不好的事情。「我要姆媽跟我們一起住在這裡。」

...

1　少奶，舊時稱富貴人家的兒媳或年輕主婦。
2　親婆，上海話的祖母，在本書指樹瑩父親的母親。

姆媽費寶樹，攝於 1930 年代。

「如果再這樣住下去，她絕對不會開心的，」樹澄說，「我倒希望她離開。我討厭住在這棟房子裡，我討厭親婆和爹爹總是欺負我。如果姆媽搬出去，我就跟她一起走。」

我第一次聽到離婚這個詞，但顧名思義，就是「離開」婚姻。

「要是姆媽離開可就太糟了，」我說，「我們所有朋友的父母都住在一起。為什麼他們不能呢？他們本來就各過各的。姆媽住樓上，爹爹住樓下就好了。」

我早就對父母之間頻繁的爭吵習以為常了：半夜會聽到低沉的怒吼聲、猛烈的摔門聲，早上醒來會發現爹爹睡在沙龍的小床上。儘管在那個年代，除了貧窮人家，納妾再尋常不過，但我從沒想過他們會對其他人產生興趣。我很小的時候，就在朋友家見過姨太太，她們和正室住在同一個屋簷下。我自己的祖父就有五位姨太太，分別為大姨太、二姨太、三姨太、四姨太、五姨太。我們這輩稱她們為大婆婆，二婆婆，……五婆婆。

在當時的社會，娶姨太太司空見慣，但離婚卻聞所未聞。我當時還是一個小女孩，一心只想姆媽留下來和我們住在一起。

我目不轉睛地看著姆媽。

她穿著一件我從沒見過的華麗衣裳。我們的駐家裁縫楊師傅在她的臥室裡為她的新旗袍做最後的試穿。姆媽站在紫檀木的穿衣鏡前，我一時間看得入了迷。只見楊師傅圍著她，老練地在這裡固定一個褶，那裡撫平一道針線，然後再調整一下底邊，直到每平方英寸的垂褶都完美。我左右扭動著身子，努力繞過楊師傅看母親。母親纖細的身材被灰色的綢緞襯托得婀娜多姿，彷彿正午陽光下的珍珠母。

試衣悄無聲息地進行著，相比母親的風趣健談，楊師傅雖非沉默寡言，至少也是言簡意賅。從我開始蹣跚學步起，他就住在我們家，為全家人縫製衣服。時間久了，他和姆媽愈發默契，給一個眼神、點一下頭，或是拖曳、輕拍一下，簡單示意就能心領神會。等楊師傅退後幾步，開始欣賞他的傑作時，我才看到整個旗袍最終呈現出來完美樣貌，忍不住

發出了驚歎聲。

只見大朵的鮮花在絲綢上綻放開來。這些美麗的花朵由淡紫色、粉色和松綠色的螢光絲線精心繡製，並用銀絲鑲邊，如夢如幻，栩栩如生。梅花和牡丹花枝相互交錯，彷彿像是一對對情侶，沿著母親臀部、腰部和胸部的玲瓏曲線攀援而上，襯托出她精緻的容貌。

楊師傅給旗袍加上了鈷藍色和紫色的雙色華麗滾邊，還配上了中式立領和錦緞盤扣。

我嘖嘖稱讚：「姆媽，我長這麼大，還從來沒見過這麼美的衣服！」

「妳長這麼大也才七歲呀。過來，跟我一起看看繡工。」母親一邊說，一邊輕輕地把我攬到身旁。「我一直想要一件這樣的旗袍，上面繡著牡丹和梅花，我最喜愛的春季花卉。所以我就自己畫了一幅水彩的草圖，請楊師傅送到蘇州的絲綢作坊。」

「蘇州──是個店名嗎？」

「不是的，傻孩子。蘇州是上海附近的一座城市，那裡有著美麗的運河、精緻的園林和俏麗的少女，還有全中國最好的綢莊和繡娘。」

我回想起幾個星期前，曾見到一個不修邊幅的陌生人來到傭人房的門口，用一種我不熟悉的方言說他從蘇州來，要找楊師傅。只見他解開包袱，取出了幾匹有著明豔刺繡的灰色絲綢布料。當時我就驚歎這麼其貌不揚的包袱裡竟然能拿出這麼美麗不可方物的東西。

「那些布料一送到上海，」姆媽繼續說，「楊師傅就放下手邊其他活兒開始趕製這件旗袍。」

「這些花朵看起來好像真的，就像開在您身上一樣。」

「楊師傅把我的尺寸給了絲綢店，以便能量體裁衣。光是等刺繡完工就花了整整一年呢。」

我鑽到姆媽懷裡，認真端詳起其中一朵藍綠色的牡丹花。我一邊用食指輕輕撫摸光澤的花蕊，一邊仔細觀查每一處細節：每朵花有十二個花瓣，每個花瓣至少有五個色調，每個色調又由幾十針繡成。

見我看得入神，姆媽接著說道，「楊師傅定製布料時，叮囑繡坊每朵花至少要用一千針。」

「不會有人真的一針一針去數吧？」我問。

「楊師傅跟我說的時候我也很吃驚。當然，總歸針腳越多，越逼真咯。不過我沒時間去管這些。」

聽到這裡楊師傅雖然依舊沒吭聲，但顯得有些不自在。作為一個完美主義者，他恐怕真的數了針腳。

「謝謝你，楊師傅，這件旗袍比我想像得還要漂亮，麻煩你抓緊做最後的修改。別忘了我下個星期六要穿去朋友的婚禮。」姆媽調整了一下髮髻上的夾子。「三妹的花童裙子妳不用擔心，我已經去永安公司給她買了一件粉色的五層綢緞連衣裙。」

母親溫柔地撫摸著我的臉頰，「這場婚禮的主色調是粉紅色。我發現這些年越來越多的新娘子喜歡穿白色的婚紗禮服，不過這個新郎家有點迷信，覺得白色不吉利，粉紅色更喜慶些。」

說罷，姆媽走到了漆屏風後面去更衣。我獨自和楊師傅待在一起，有點局促不安。母親在試衣服的時候他一眼都沒有看我，大概還在為我上週做的事情生氣。

楊師傅住在我們廚房樓上的工作間裡，要不是他那麼一絲不苟、井井有條，那屋子早就亂套了。他在一張長木台子上縫製我們全家人的衣服，而這張木台時刻保持整潔，上面只放著縫製中的衣服。在台子的正中擺著一張凳子，他坐在上面既可以用瘦削的手臂向上夠到竹竿上套著的一卷卷彩色線軸，也可以彎下身，方便地從台子下面的紙板箱裡拿到織錦、亮片、花邊、嵌條和欽鈕，還可以轉過身去架子上取擺放整齊的織物布料。

他詳細記錄了我們全家人的尺寸，還要求我們這些小孩子在春節後的第一個星期就去找他——不是為了給我們禮物，而是為了更新我們的尺寸。他一人負責我們全家八口人的四季著裝，從姆媽的定製禮服、爹爹的法蘭絨長衫到親婆的舊式長袍，還有孩子們的全套服裝。即使後來爹爹給他買了一台縫紉機，他還是堅持手工縫製我們全家的衣服，稱縫紉機只適合給下人們做工服。

他對做衣服這件事任勞任怨、盡心盡責，除了去買輔料，很少出門。

每當夜幕降臨，其他家丁聚在花園裡磕瓜子、講鬼故事的時候，他總是選擇一個人待著。相比住在傭人間，他情願睡在工作間角落裡的硬板床上。

一個星期之前，放暑假的我百無聊賴，跑到楊師傅那裡去玩。他一如既往地趴在工作台上做著針線活，專心地給姆媽的牡丹旗袍編織一顆亮藍色的球形盤扣。他十三歲的時候就跟著一位盤扣師傅當了一年學徒，學會了製作各種編織盤扣、紐結。

這天早上，我溜進工作間的時候，楊師傅抬頭看了我一眼，沒打招呼。我倚在門口看他編織好一個盤扣，又開始做另一個。當我側身走到工作台邊上時，他連頭都沒抬。我站到他對面，從口袋裡掏出幾樣亮閃閃的東西，然後仔細研究起他枯黃的臉上各個棱角和凹陷。我伸出手，小心翼翼地用姆媽的蜜絲佛陀口紅在他緊閉的雙唇上塗了一個圓潤的紅唇。楊師傅皺起眉，依舊沒有抬頭，也沒有說一句話。於是我更加放肆，給他描了粗粗的濃眉，塗上了兩塊又大又圓的粉色腮紅。但他仍然全神貫注地編織著第三個盤扣。

楊師傅和我同時完成了自己手上的活計，然後突然起身去了樓下的書房。他站在爹爹的書桌前，聲音嘶啞地吐出了兩個字：「三妹。」爹爹立刻派人把我叫到書房並嚴厲地訓斥了我。然後命令我的保姆馬上去叫醒姆媽，讓楊師傅給她看看我幹了什麼好事。

儘管爹爹沒有讓我像其他兄弟姊妹那樣罰跪，但我沒想到他會這麼做。姆媽很少在中午之前起床，提前叫醒她很可能會令她一改往日的平和。我緊張地蹲在二樓走廊的窗簾後面，就在楊師傅大步走過的一瞬間，我飛快地跑到姆媽臥室的門口偷聽他們講話。

令我寬慰的是，姆媽的反應與爹爹形成了鮮明對比。她看到楊師傅的臉時撲哧一聲笑了出來：「你是說，三妹把你的臉塗成了這樣？她用了我最貴的化妝品，還是從美國好萊塢買來的呢。」

「她這次太過分、太欺負人了，」楊師傅的聲音聽起來怒不可遏。「她父親也同意。」

「嗯，你說的沒錯。但是你有沒有發現，不管你做什麼她都很感興

趣，三妹最欽佩、最欣賞你了。你原諒她好不好？」

「可這不是藉口，她打斷了我的活計。」

「楊師傅，過來照一照你的臉，」我聽見抽屜被打開的聲音。「這裡有面鏡子。你試著站在一個七歲小女孩的角度想一想。她無憂無慮，只是貪玩⋯⋯這件事情就讓它過去吧。」

過了一會，楊師傅清了清嗓子，快步走出了姆媽的房間。他走得那樣快，以至於我溜回藏身處時差點被絆倒。

一個星期後，母親試穿新裝時，我還很擔心楊師傅還在生我的氣。當姆媽走到屏風後面換衣服，並示意我把旗袍遞還給他時，我緊張極了，一隻手拎著衣架，另一隻手把旗袍攔腰折起並抓住下擺，然後小心翼翼地穿過房間，以免旗袍拖到地上。我屏住呼吸走到楊師傅那裡，雙手恭恭敬敬地把旗袍遞給他。當我們的眼神相遇時，我終於察覺到他露出了一絲靦腆的微笑。

楊師傅走後，姆媽坐下來開始她上午──更準確地說是下午──慣常的流程，因為此時已經過了中午。我坐在姆媽專門為我定製的白色綢緞小圓凳上看著她梳妝，那是我平常最喜歡的位置。她把手伸進紅木梳粧檯，從雙妹花露水、粉餅盒、旁氏潤膚霜、水晶噴霧瓶等一堆化妝品裡找到了她想要的東西──黃綠色鐵罐裝的加里克牌香菸。

我當時正在中西女中學英語。這只香菸罐的標籤引起了我的好奇心。我還認不全所有的單詞，但我看到了大姊的英文名：加里克牌香菸，

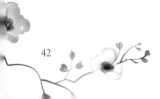

維吉尼亞混合香型——精選成熟煙草，精心調配製成。圓罐上印著金色紋飾和獅身人面側身像，一罐有五十支香菸。母親抽出一根，插進黑色煙嘴裡。這款香菸產自美國南部、飾有古埃及圖樣、由英國煙草商供應，現在夾在我中國母親的雙唇間，但絲毫不違和。（姆媽不懂英文，對舶來品的稱呼都是音譯的上海話：Max Factor 是蜜絲佛陀，The Garrick 是加里克。）

姆媽點燃一支煙，沉醉地深吸了一口，她的大眼睛又黑又亮，像烏龍茶一樣。一縷煙向我飄來。我深深地吸了一口氣，分辨出了香水和脂粉味。

母親開始慵懶又熟練地裝扮她漂亮的鵝蛋臉：一層薄粉讓膚色更加白皙，一點胭脂和口紅，一隻啞黑色的眉筆來描畫眉毛和眼線。她每個星期去兩次理髮店，洗一下頭髮再吹一個浪漫的微卷波波頭。她的美低調而精緻，恰到好處的妝容顯得毫不費力又女人味十足。

「三妹，幫我找一下我的珊瑚胸針，就是看起來像一棵小樹的那枚。」我走到邊桌旁，上面放著一個漆器首飾盒，裡面有一面鍍金的鏡子。其中一個抽屜微微打開，露出裡面閃閃發光的翡翠、珍珠和彩寶首飾。那時的工匠們幾乎無所不能。我母親喜歡到精品店裡去淘這些物件，耐心地收集並將它們重新組合成獨一無二的飾品：尚蒂伊花邊和串珠鑲邊可以把旗袍襯托得更加漂亮；精巧的浮雕和閃亮的蛋面寶石可以製成更華麗的珠寶。

我取出的那枚胸針是一塊真正的珊瑚，打磨得非常漂亮，碧玉和玫瑰石蝴蝶在布滿綠松石的樹枝上飛舞。這些元素單個看並不突出，但透過姆媽的設計，陸地、海洋和小動物們被重新組合在了一起，十分精緻和諧。

我聽到姆媽打開包裝紙的聲音。「三妹，閉上眼睛。昨天新到了一件東西，是現在最流行的。哪兒都賣光了，我只好從巴黎訂購。」

呲的一聲……我感到脖子上一陣濕冷，一股醉人的香味征服了我的感官。「妳覺得這是什麼味道？」母親問。

「這個嘛，聞著又香又甜……像我們花園裡的玫瑰，有著夏天的感

覺……還有點像桃子？」

「還有嗎？」

「香草霜淇淋？總之是又甜蜜又美好的味道……」

「會不會讓妳想起美麗、浪漫的事情？一大束玫瑰花或迷人的法國女郎？這款香水叫夜巴黎。」

我睜開眼睛，看見了夜巴黎（Soir de Paris）的鈷藍色瓶子，上面還配著一個絲織的噴球。它裝在禮盒中，裡面有細長的香水瓶、凹槽紋路的蓋子，還有一個帶流蘇的小號分裝瓶，可以放在手包裡。姆媽拿著一張折好的紙巾在瓶口上壓了一下，然後把紙巾塞進胸衣裡，並解釋：「大多數女士都喜歡把香水輕塗在手腕上或脖子上，但我覺得那樣味道太濃烈了。這樣香味更柔和，也更持久。」

就在這時，一團模糊的藍白色毛球迅速穿過房間，落在床尾的一張圓桌上。姆媽在玻璃桌面下放了一張可愛的海報，上面有兩隻小貓調皮地望著一個金魚缸。剎那間，毛球停了下來，彷彿畫中的一隻貓活過來，從海報中跳出來似的。那是我母親的小貓三咪。三咪是她養的第三只波斯貓。這個冬日裡，它穿著姆媽為它織的淺藍色毛衣，和它的眼睛很相稱。它斜睨了我們一會兒，然後又開始了瘋狂的穿梭。

小貓跳到了梳粧台上。姆媽溫柔地說，「三咪，三咪，小心點……慢一點，別碰到我的杯子了。好了，好了，乖貓咪。」但效果甚微，好似用一把紙傘擊退颱風。但即使三咪打碎所有的杯子和玻璃罐，我母親也不會在意。在我的記憶中，她從來沒有抬高嗓門或氣急敗壞過。

沒有什麼事能讓她氣惱。她無差別、無條件地接納幾乎所有的人和事，除了爹爹。

姆媽和樹瑩，攝於 1934 年。

# 長衫還是旗袍？

母親優雅的中式禮服到底應該叫長衫還是旗袍呢？其實兩者皆可，取決於你是哪裡人，説哪種方言。

旗袍，是普通話或上海話的説法，曾特指中國清朝滿族男子的服裝。女性則是從 1920 年代才開始穿旗袍，是女權運動的象徵。在 30 年代的上海，寬鬆板型的旗袍逐漸進化成了貼身高領的樣式。這種沙漏型的設計既端莊又性感，開叉的裙襬稍稍露腿，不論是舞廳佳麗還是時尚貴婦都對其青睞有加。旗袍靈活百搭，外披一件西式夾克或長款外套顯得幹練商務，曳地剪裁配上古典刺繡或亮片設計，則顯得雍容華貴。

尋找面料、輔料和配件也是一種樂趣。姆媽常去老介福——靜安寺附近的一家商場，那裡彙集著來自全世界的面料。「綠屋夫人」等歐洲精品時裝店出售可供搭配的手袋、鞋子和手套；西伯利亞皮草店則可以定製外搭的皮草。

隨著政權的更替，上海的裁縫們帶著他們縫製旗袍的精湛技藝到了香港，隨後就出現了名稱的混淆，因為香港人稱這種服裝為長衫。在香港以外的地方，長衫則通常指爹爹愛穿的傳統男士長袍。（芝潔）

十八歲的樹瑩，穿著絲綢印花旗袍。

CHAPTER 2
THE ARTFUL SCHOLAR

# 第二章
## 文藝的學者

　　爹爹挽起長衫的袖子，手握一支大號毛筆。只見他蓄勢運筆，在宣紙上提頓起伏，揮毫潑墨。人筆合一，一氣呵成。

　　我坐在父親的書桌旁，看得入了迷。

　　「這個字妳認得嗎？」他指著一個簡單的字問道。

　　「認得，爹爹，這是仁字。」

　　「它由哪兩個部分組成？」

　　「左邊是個人，右邊是個二。」

　　「不錯，三妹。那妳知道它的意思嗎？」他有深意地笑著。「人與人之間親和友善——是為儒家五常之一。如果人人都能遵守，世間便不會再有紛爭。」

　　爹爹的書房靜謐悠然，空氣中混雜著雪茄、舊書和墨汁未乾的氣味——我的兄弟姊妹們都覺得那味道很陳舊，唯獨我聞之心安。儘管我被警告要小心，但還是忍不住擺弄起他桌上的玻璃鼻煙壺和硯台。他珍藏

的諸多物件都曾屬於朝廷大臣，甚至古代的帝王。

　　我逐一地把玩他收藏的古墨，閉上眼睛，看看能聞到松針味還是茶花味。忽然，一枚玉印章引起了我的注意。即使在炎熱的仲夏，這枚印章摸起來也是冰冰涼涼的。我把它貼在臉頰上，想像一位鬍鬚老人從繡花長袍裡伸出滄桑的手指，像我一樣輕撫這光滑的玉石。

　　爹爹有諸多各式各樣的毛筆，或放在陶製的筆筒裡，或掛在雕花筆架上。最簡單的毛筆由樸素的竹管製成，最精緻的是則由雕漆和半寶石製成。

　　爹爹書桌對面的法式雙開門通向一座迴廊，那裡可以看到爬滿靛藍色牽牛花的竹柵欄，那是花園最美的角落。書房裡的氛圍則更為嚴肅，一頭放著書桌，一頭擺著一套西式沙發。我印象中父親總是在書桌後面，從沒見過他坐在沙發上與人交談。偶爾有幾次姆媽去裡面，我聽他們像在討論（或者爭論）錢的問題，兩人都很大聲，唯恐房間另一端的對方聽不見。

　　除了我，兄弟姊妹們很少進這房間，除非是收到邀請。有一天，弟弟樹菜在學校打了架，楊師傅又重新給他縫製了一套衣服，替換撕破的那套。等我回家的時候，發現樹菜跪在爹爹沙發旁邊的木地板上。他受到了爹爹最嚴厲的責罰：一動不動地跪上「一炷香」的時間。

　　那天下午，爹爹坐在書房的遠端，低頭看著他那本巨大的帳簿。他不知道我進來了，用毛筆輕輕蘸了蘸硯台，寫下娟秀的字跡。接著，又拿起木尺逐行查閱賬目，緊閉雙唇，搖著頭，間或發出嘖嘖聲。

　　「三姊，」樹菜悄聲說，「我快無聊死了！快幫我把窗戶打開。我都跪了快一個小時了。」

　　線香已經燒了大半。弟弟讓我把窗戶打開一條縫，這樣微風吹進來或許可以讓香燒得更快一些。他點了點頭，默默地向我表示感謝。雖然他比我小一歲，但已經高出我許多。即使跪在地上，他柔和的褐色眼眸也與我的視線齊平。

　　父親一看就是沒從事過體力勞動的讀書人，著裝方面也是傳統的儒家學者風範。彼時的時髦男士都穿西裝，但爹爹素來只穿黑色布鞋和長

破夢居士四十三歲小景

丙子八月鄭子慕康寫照
慎得馮超然潤色并題

身著傳統長袍的「爹爹」孫伯繩，畫於 1938 年。

衫——夏天是暗色絲綢長衫，冬天是歐式細條紋或者人字呢長衫。

爹爹透過圓形的金屬框眼鏡期待地看向一幅攤開的山水畫。畫的一旁擺放著更多未攤開的卷軸。由於牆面不足以展示所有的藏品，他每隔幾週就會根據時節變換更換牆上的畫作。

平時，爹爹高亢的男中音在家中任何一個角落都能聽得清楚，但當他看到線香已經熄滅時，只是拍了拍手示意，便讓樹茱匆匆離開書房。

　　「哦──三妹來了，」爹爹說，「正好幫我把畫掛起來。」他迫不及待地把帳簿放在一邊，隨即站上一張木凳，仔細調整用來掛卷軸的絲帶。我多希望這山水畫中的風景和人物是真的，這樣我就可以在起伏的山巒和鄉間的涼亭中玩耍，或者划著一艘小船去逗旁邊小溪裡游泳的小鴨子們。

　　爹爹清嗓子的聲音把我從白日夢裡拉了出來。他指了指畫上一枚方形的紅色印章，這枚印章幾乎和畫中村莊裡的樹木一樣大。我不認識那四個篆字。「這是康熙皇帝的印章，」他告訴我，「這幅畫創作出來之後，曾歷經九位皇子轉手。」

　　「可是我們又不認得什麼皇子，」我說，「您是從哪兒買來的，爹爹？」

　　「即使皇子也有落魄的時候。這是一個曾經與宮裡關係密切的人賣給我的。」

　　父親指著畫上一首題跋下面的幾枚紅色印章，「最好的畫作不僅能告訴妳畫家畫了什麼，還能告訴妳都有誰收藏過它。歷經百年，妳仍然可以追溯到這幅畫所有歷任的主人。」他解釋，「包括我在內。妳看，我的印章在這兒：虛靜齋。」

　　一個陰冷的冬日，我陪父親在他書房旁邊的沙龍──中間裡坐著。我在咖啡桌上寫作業，而爹爹在整理他的藝術品收藏。在沒有人的時候，我經常用手觸摸這些藏品。唯獨有一種我不感興趣，就是那些有奇形怪狀凹洞的供石。這些文人賞石在我看來不過是些無趣的石頭，不像繪滿花鳥的瓷瓶或精緻的宮廷飾品那樣漂亮。

　　「爹爹，」我問道，「我想問個問題，您可別不高興。這些石頭看起來怪嚇人的，

您為什麼要收藏呀？」還在鑒賞青瓷花瓶的爹爹抬起頭來，望向一方供石。那塊雕花底座上的灰色石頭高高地矗立著，比我的個頭還高。思考片刻後，爹爹回答道：「供石的美不像繪畫或瓷器那樣流於表面。三妹，妳得靠近點，仔細看。」

我挪到供石旁邊，透過一個鋸齒狀的洞望向父親。

「供石與其他藝術品不同，它是天然形成的，非人工所能雕琢。妳看看，這塊石頭像什麼？」

我的腦子裡一片空白——只看到一塊灰色的石頭。

當我仔細觀察那塊石頭的時候，爹爹靜立在一旁。「不著急，慢慢看。」他說。

「唔，我看到一隻張開翅膀的鳥……亦或許是一朵雲？」「繞到這邊來，妳再看看像什麼？」「噢——現在看起來像一座高山……」

他把雙手支在底座上。「這裡呢，像不像一條路？」

「對，爹爹，我看見了。它在這裡分岔，變成了兩條路——這邊有一個山洞……那邊還有一個更大的山洞……裡面會不會住著一隻狐狸！」

「所以妳看，這不是一塊普通的石頭。它藏著很多的秘密，等著妳去發現。」

我仍然不覺得這些石頭有什麼了不起的，不過和爹爹一起玩大人的遊戲感覺很特別。

「這些石頭原先是太湖湖底的石灰岩，離我們在蘇州郊外的老宅不遠。」我知道蘇州，姆媽美麗的牡丹花刺繡絲綢就那兒買來的。父親摩挲著供石的縫隙。「時間是一位耐心的雕刻家，」他說，「岩石在湖底，經數百年水波蕩滌，變得愈發光滑。如果水流湍急，就會留下這些粗糙的邊緣和凹洞。」

一個星期後，在一月寒冷的某一天，爹爹出去吃午飯，一樓的房間裡空無一人。濕冷的空氣像冰柱一樣刺骨。天太冷了，不能出去玩。我前一天從學校回來還生了凍瘡。這會兒二樓的暖氣片又壞了。

我和樹菜都裹得嚴嚴實實的，像穿著厚重衣服的熊貓娃娃一樣，躲

在相對溫暖的中間。房間裡到處都是稜角，有鑲著大理石的紅木桌子和擺滿爹爹珍貴明清瓷器的玻璃櫃。因為爹爹的硬木傢俱坐上去實在不舒服，所以我平時很少進這間房間。

一向好動的樹棻開始咯吱我，不一會兒就追著我從中間跑進了書房。我們冒失地在書房裡進進出出，相互扭著胳膊、拽著外套，尖叫著，推搡著，在瓷花瓶和供石之間穿梭打鬧。就在我繞著中間跑第四還是第五圈的時候，聽到樹棻在我身後喊道：「三姊，小心！妳慢一點——」

就在沙龍的門邊，我猛地停了下來，但已經晚了一秒鐘。我的夾棉袖子拽到了供石的一角。那是一塊「瘦、皺、漏、透」皆具，玲瓏剔透的月牙形供石，是爹爹最喜歡的，也是我唯一看得上的。

我和弟弟樹棻都怔住了，目瞪口呆地看著那方供石搖搖晃晃地從雕花底座上摔落下來，就像電影裡的慢鏡頭一樣。它撞在深色的拼花地板上，先是摔到頂部，然後彈起來翻了個跟頭。最後，底部著地，摔成了兩半。

「哎呀，妳怎麼搞的！」樹棻大叫了起來。「妳把爹爹嚇人的石頭摔壞了！這下麻煩大了。到時候又是我挨打。爹爹從來不相信妳會淘氣，肯定要怪罪到我身上。」他皺起了眉頭。「我得趕緊在褲子裡塞些襯墊保護我的屁股。」

他說得沒錯：爹爹經常因為樹澄和樹棻不聽話而責罰他們，但却從來沒有打過我。我擔心這回我要第一次挨打了。樹棻堅持讓我和他一起把碎片黏好，完成後幾看不出有接縫。問題是供石砸在硬木地板上留下的那四個很深的凹痕卻無法修復，爹爹遲早會發現。

樹棻趕在父親進大門前的幾分鐘裡，把修好的供石放回了原處。

接下來的幾天，每天早上和下午我都會去查看一下供石。那些岩石上的洞眼，每次都責備地盯著我。經過幾個不眠之夜，我終於受不了，決定去面對憤怒的父親，否則睡不好覺。太陽升起時，我看到他在浴室的鏡子前面刮鬍子。

「爹爹，我們闖了大禍。」我說。當我終於把這個秘密坦誠相告時，終於卸下了心頭的重擔。

「怎麼了，三妹？好了，好了，別難過，怎麼哭得這麼傷心？眼睛都哭腫了……有那麼嚴重嗎？跟爹爹說說，發生了什麼。」我抓住他的手，把他拉向臥室的門。我們下到一樓時，我哭得更凶了。到中間時，我拚命忍住眼淚，指了指供石和地板上的四個凹痕。爹爹的下巴上仍然粘著刮鬍鬚的泡沫，要不是他的眼神那麼陰沉，脖子上的青筋那麼突出，他的樣子還是有點滑稽的。這一刻，我的心跳都停止了。

　　父親停頓了一下，好像在考慮接下來要說什麼。他的話讓我立刻放鬆了下來：「我知道了。沒關係，這不是什麼貴重的東西，只不過是一塊石頭，對不對？不過這倒提醒了我，妳長大了，不應該再像頑童那樣到處亂跑了。」

　　我羞愧地低下了頭。

　　爹爹慈愛地撫著我的下巴，溫柔地抬起我的臉，直到我們四目相對。「三妹，妳講出實話需要很大的勇氣。不過妳要答應我，以後儘量表現得像個大家閨秀，好不好？」

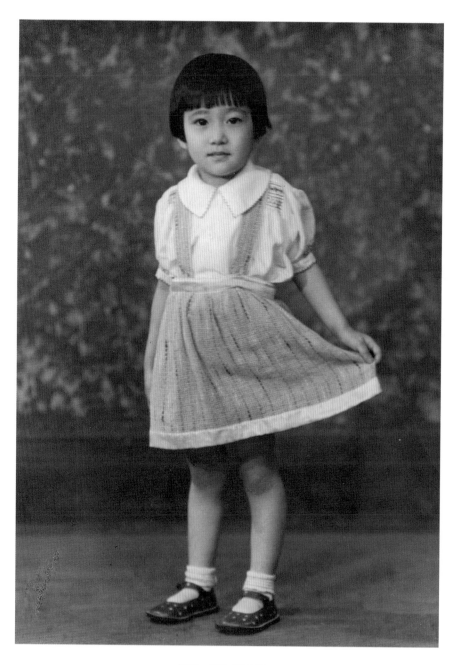

樹瑩，攝於 1936 年。

# 漢字的構成

　　漢語是一門非常複雜難學的語言。雖然說青島話的北方人和說廣東話的南方人聽不懂彼此的方言，但他們書寫的語言是相同的。

　　漢字有多種構成方式，通常不提供發音的線索。最簡單的結構包括象形文字，如「木」和「森林」，以及更抽象的表意文字，如「上」和「下」。

　　漢字由大約兩百個部首或偏旁組成。「安」字是屋簷下的女人，代表平安；「雷」字則是田野上的降雨。部首可以出現在字的上、下、左、右或者中間。

　　漢字的書寫很重要，每一個筆劃都必須遵循指定的方向和順序。最簡單的字只有一劃、兩劃或三劃：如「一」、「二」、「三」。最複雜的則有三十多劃，如「齉」，左邊是鼻，右邊是囊，指鼻子不通氣，共有三十六劃。

　　在中國，能讀會寫至少要掌握三千多個漢字，比背字母表費勁得多。這個過程需要大量的死記硬背──因此隨處可見學生們埋頭在無窮無盡的田字格裡練習寫字的場景。

　　為了提高識字率，中國政府於 1950 年代開始漢字的簡化工作。例如：「馬」簡化為「马」，「氣」簡化為「气」，「國」簡化為「国」。

　　雖然從理性角度我可以接受簡體字的實用性，但從情感角度卻遺憾於一些美感的喪失。以我們的姓氏為例：孫樹瑩的「孫」變為「孙」，趙芝潔的「趙」變為「赵」。在我們看來，簡體字「赵」右上方這個「乂」不像一個文化人的名字。（芝潔）

描繪太平天國運動的畫作，繪於 1860 年左右。

# 第三章
## 一塊肥缺

　　每個名門望族都有自己的發家史和創造原始財富的祖輩。在我們家，一切都要從我的太爺爺說起。太爺爺是我的曾祖父孫竹堂，早年間是個童僕，後來位居朝庭重臣。

　　太爺爺在 1842 年出生於浙江省紹興市會稽縣孫瑞鄉附近一個貧困的山村。他自幼喪父，與寡母二人相依為命。那裡貧瘠荒涼，生活艱難。他的童年時常吃不飽飯，周圍的鄉親也好不到哪兒去。

　　等太爺爺十二歲時，他母親把他送到紹興師爺家裡當童僕。紹興除了風景秀美的河道，悠揚婉轉的越劇和回味香醇的黃酒，還出全國聞名的師爺。不久，太爺爺的主人就發現他資質聰穎，便教他讀書識字。太爺爺不放過任何一個機會，仔細地觀察和效仿主人。二十歲時，他在主人的幫助下，去縣衙當刑名和文案師爺。

　　至少這是我小時候聽到的版本。後來，芝潔又去走親訪友，查找歷

史檔案。她找到的最有價值的資料是我弟弟樹棻寫的書。樹棻是一位作家，著有五十五本書，其中有幾本被改編成描繪老上海生活的電影和電視劇。他寫的《豪門舊夢》講述的就是太爺爺的故事。以下是芝潔根據資料整理出來的。

芝潔：貧窮不是外高祖父（母親的太爺爺）面對的唯一難題。1842年，也就是他出生的那年，第一次鴉片戰爭以中國被英國恥辱性地擊敗而告終。清朝成立於 1644 年，早期政治和文化成就斐然。然而，晚期滿族統治者逐漸昏庸，饑荒和動亂嚴重影響了經濟的發展，民憤四起。1850 年，自稱是上帝次子、耶穌弟弟的洪秀全發動了一場反對帝制的大規模農民起義──太平天國起義。

正是在這種動盪的歷史背景下，外高祖父踏上了求取功名的仕途之路。

中國的封建社會幾乎完全階層固化，改變命運和地位的主要途徑是科舉考試。考試的內容主要是儒家學説和四書五經。雖然理論上所有人都可以參加科舉考試，但實際上只有富裕階層才能負擔得起多年的求學。

應試者要在十幾歲時參加縣試，通過後再進入要求更高的省試，最終還要參加在北京紫禁城舉辦的殿試。

考生們被分別關進牢房似的貢院號舍裡，連考三天，須以恭楷寫出觀點準確、文筆突出的八股文章，哪怕一個小的筆誤也可能意味著黜落。最終通過考試的及第者得以進入官場仕途，但官僚體系和科舉制度一樣陳舊腐朽。

權貴子弟紛紛覬覦著官場職位及其帶來的終身的經濟回報和社會地位。

外高祖父出自寒門，而且非科舉出生，他走上仕途完全是非傳統路徑。通常來說，一個農民的兒子會被官員們視為異己，很難官運亨通。但或許正是這種局外人的身分，給了他遠見和膽識，甚至使他勝過某些官場老手。

中國官僚體系的存在就是為了維護統治。外高祖父的同僚們抵制任何違反禮教的行為，一言一行都要遵循儒家典範，即使創立學說的孔子已去世二千四百年。他們執著於繁文縟節，比如官服上要繡什麼紋樣——不同品階要刺繡不同的飛禽和猛獸。

然而，外高祖父卻沒有被傳統禮教或儒家思想所束縛，他想要的是超越它們。外高祖父十九歲時，皇帝駕崩，留下五歲的太子繼承皇位。皇帝的後妃、太子的母親就是後來的慈禧太后。她透過垂簾聽政控制朝廷並統治了中國。掌權後，慈禧太后面對的第一個問題就是招兵買馬討伐太平天國。

為朝廷徵兵並非易事，此時太平天國已經從一群衣衫襤褸的農民起義軍發展壯大為規模達數十萬人，紀律嚴明、驍勇狂熱的軍隊。儘管外高祖父初入朝廷，缺乏作戰經驗，但他出身農村、瞭解農民，在其他人屢試屢敗後，他最終徵兵成功。外高祖父足智多謀、善於徵兵，使他贏得曾國藩和瓜爾佳・榮祿兩位軍事領袖的賞識。在關鍵時刻，他和湖北調來的總兵張翼將軍聯合，將兩支隊伍整編成一支，齊心協力摧毀了太平天國政權。據歷史學家估測，在此之前，這場長達十四年的戰亂先後奪走了兩千萬人的生命。

外高祖父很識時務。清軍勝利的時候，他才二十二歲，就顯現出超過年齡的成熟。他繼續在慈禧太后的堂兄和密友榮祿手下當差。榮祿作為滿族皇室的後裔，善於駕馭官場，精於權謀。外高祖父在剿滅太平天國起義時立下功勞的消息傳開後，很快就引起慈禧的關注。精明果決的慈禧很贊賞外高祖父為穩定朝政所作的貢獻，特召見榮祿進宮。

榮祿跪於殿下，屏氣凝神地聆聽懿旨。即使端坐於垂簾後，慈禧仍然身著全套朝服——頭戴沉重的寶石鑲嵌頭冠，身穿鳳凰刺繡長袍和珍珠雲肩，腳蹬流蘇瓶底鞋（與漢族女性不同，滿族女性無需纏足）。她

果斷地揮了揮戴著長長甲套的手，指示榮祿給外高祖父安排要職。

和慈禧一樣，榮祿深知許多八旗子弟鴉片成癮，行事散漫、不堪重任。他支持慈禧太后打破傳統，讓曾國藩等漢族官員擔任以前滿族後裔才能擔任的要職。外高祖父幾年前做夢也想不到的機會，如今唾手可得。

榮祿先是任命他為天津海關道，這是一塊肥缺。每一艘進入天津港的船隻都要向他支付一筆費用，進賬十分可觀。隨後，他又歷任更多重要職位，包括被調進北京任總理各國事務衙門大臣和江西布政司使。每一次調動都令他更富有、更有影響力。

外高祖父四十多歲辭官職後，並沒有回到貧瘠的家鄉，而是決定在一百英里以北繁榮的長江三角洲地區落腳。他選擇在江蘇常熟，一座毗鄰蘇州和上海的富庶城市頤養天年。

蘇州這處宅院與外高祖父常熟的府邸風格相近，但大小只有四分之一。

他明智地利用官囊購入大量土地，包括常熟虞山腳下天凝寺巷的一座宅邸，占地六英畝，在北門大街最繁華的地段，但又鬧中取靜，可以望見翠綠的茶園，還可以品嘗到附近陽澄湖出產的大閘蟹等美味佳餚。

　　外高祖父不斷擴建庭院，在優美的園林中，小橋流水、荷花滿池。月夜時分山頂的寶塔倒映在水中，波光粼粼、賞心悅目。不久之後他娶妻生子、開枝散葉，正房和四位妾室共生育七子五女，很快孫輩成群，光是侍奉祖孫三代的僕人就有一百多人。

　　外高祖父和他的戰友張翼將軍在戰役中結下了一生的深厚友誼。1879 年，張翼的第九個女兒張潤禪出生，便與外高祖父的第七個兒子孫直齋結親。兩人在十幾歲時完婚，生下了外祖父。

　　外高祖父的想法層出不窮，閒不下來，於是開始購買更多的土地。他在常熟縣的東門開發了幾十棟公寓樓，租給迅速壯大的中產階級。到十九世紀末，他已經在周邊購買了四千英畝的肥田，富甲一方。外高祖父和英國的莊園主一樣，負擔起當地就業福利等額外的責任，除了建造學校和會館，他還創辦麵粉廠、中藥廠和紡織廠等地方企業。等這些企業開始順利運營，他再將工廠交給當地人經營管理，讓他們享受利潤和收益。

　　十九世紀下半葉，中西方關係發生巨大的變化。外商將英國殖民地印度出口的鴉片運往中國，並從中牟取暴利。儘管清政府令行禁止鴉片的進口和吸食，但民眾和經濟還是被毒品所害——中國人對鴉片吸食成癮，而西方人則對毒品利潤成癮。在外高祖父年輕的時候，西方列強為了報復鴉片貿易被查禁，最終發動兩次鴉片戰爭。

　　戰敗後中國被迫簽訂了一系列不平等條約，強行開放上海和另外四個港口城市，結束長期閉關鎖國的狀態。這導致外國租界的產生——在上海，英租界、美租界（兩者後來合併為公共租界）和法租界有各自的法律體系、議會和警務巡捕房。「治外法權」使外國人無需護照和簽證就可以在上海和其他條約口岸城市居住，並免受中國法律的約束。上海憑藉其長江入海口的黃金位置，成為亞洲最大、最繁榮的城市，承載了中國當時三分之二的對外貿易。而貿易的中樞則位於黃浦江畔的外灘。

在一些人擔心快速發生的變化會擾亂原有秩序的時候，外高祖父和外國人一樣抓住機會。當外國人在黃浦江邊建造高樓大廈時，他悄悄地在毗鄰外灘、通往公共租界的三馬路（即漢口路）和四馬路（即福州路）購買一大片土地，其中在四馬路開發的「麥家圈」容納了二十棟臨街商鋪和兩百多套公寓住宅。

　　隨著貿易的繁榮，外高祖父看到長三角城市間的交通需求。他所建立的常通輪船公司成為長江沿岸最大的客貨航運公司之一，不僅坐擁十二艘船舶，還在上海、蘇州、無錫、常熟和杭州開設了多家造船廠和修船廠。

四馬路，即福州路，1907 年左右。

隨著時間的推移，外高祖父的業務進一步拓展。1880 年代，他用自己的十萬兩白銀，開辦了鼎泰錢莊。（兩是貨幣單位，相當於一點三盎司的黃金或白銀。當時的銀行儲備貨幣主要為五十兩一錠的元寶和西班牙元或墨西哥元等。）

五十歲時，外高祖父終於退出上海的生意，把更多時間留在常熟。他大多數的兒子都夭折了，只有第四和第七個兒子長大成人，他們的母親分別是第一和第二位妾室。他為第四個兒子起名「孫敬齋」，意為「恭敬」；為第七個兒子起名「孫直齋」，意為「正直」。孫直齋，也就是爹爹的父親在一歲時與張翼將軍的女兒訂親。孫敬齋則娶了另一位將門之女。簡單起見，就稱二人為老四和老七。

外高祖父成功的關鍵在於他善於觀察和效仿他人——不論那人是外國銀行家還是船舶機械師。他致命的盲點則在於忽視了兒子們的不足。他像那個時代大多數中國父親一樣，與兒子保持著三綱五常的關係。老四和老七在他面前表現得極其恭敬，每天早上都去磕頭請安。但後來事實證明，兄弟倆的行為與他們的名字相去甚遠：一旦脫離父親的視線範圍，就變得橫行霸道、任意妄為，常常做出有辱家門的事情。

隱退後，外高祖父把十八歲的老四和十四歲的老七派去上海打理家族生意。心智尚未成熟的兄弟二人把妻子留在常熟老宅，一到上海就在紙醉金迷的十里洋場肆意揮霍家裡的錢財，驕奢淫逸。

身形瘦削的老四繼承父親的智謀，幾分鐘內就將形勢扭轉得對自己有利，可惜都是在不務正業的方面。老七則是二人中更老實、更容易被拿捏的一個，但在享樂一事上也不甘於哥哥之後。

老四的妻子婚後幾年都沒懷上孕。作為長子，他肩負著為家裡傳宗接代的巨大壓力。於是，他在一家風月場所策劃了一場「選妃活動」來物色妾室，並宣稱只要能懷上他的孩子就能嫁入孫家當姨太太。老四在前僕後繼的風月佳人那裡辛勤耕耘，可惜非但沒有獲得一兒半女，還染上了梅毒。

外高祖父給兒子們的生活費雖然豐厚，但也支撐不了長年的揮霍無度和巨額賭債。二人很快發現，可以用父親的名聲套取金錢和服務，即

提前用外高祖父過世後的遺產來償債。這種做法被無恥地稱為「麻衣債」。麻衣，指的是長輩去世，子孫哀悼時穿的孝服，俗稱「披麻戴孝」。然而，兄弟二人揮金如土，光是老四打一場麻將就能輸掉一千兩銀子，他們逐漸意識到「麻衣債」也不足以還清債務了。

　　恰逢此時，外高祖父把兄弟倆叫回去參加一場喜事。

這張照片攝於 2008 年，當時常熟宅邸只剩幾處傭人間保存下來。

黃浦江上的鴉片商船，1901 年左右。

ENGLISH BUND, SHANGHAI.

從黃浦江對面看外灘，1907 年左右。

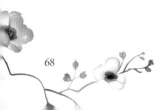

CHAPTER 4
TAEL END

第四章
千金散盡

　　芝潔：1894 年是一個馬年，外高祖父的第一個孫子，也是外祖父誕生了。這是老七夫婦倆的第一個孩子，外高祖父大喜過望。作為孫家的族長，外高祖父在常熟地方上相當有威望。長孫的出生意味家族香火得以延續，子孫將昌盛綿延，外高祖父希望全城的人都來慶賀，於是，在嬰兒滿月的時候舉辦了一場傳統的滿月酒。

　　那天早上的頭等大事是外高祖父帶領全家一百多人祭祀祖先。男人們身穿絲質的長袍馬褂，女人們則身穿精緻隆重的吉服。每個人都要按照長幼尊卑，依次向祖宗牌位磕頭跪拜。首先是外高祖父，其次是他的正妻、妾室和子女們。隨後是總管和帳房先生，最後是其他家僕。外高祖父給每個人準備了紅布包裹的禮物，男人們是黃金、白銀、玉雕和進口羊毛衣料，女人們則是手工織造的絲綢布料。

　　一時，貴客盈門，贈禮的贈禮，道喜的道喜。高牆之內，賓客的轎

第四章　千金散盡 | 69

子和馬車在庭院盛開的白玉蘭樹下依次停放。轎夫和司機也都有佳餚款待和彩頭紅包。

園丁和家僕把廳堂布置得比春節時還要熱鬧喜慶。外高祖父，這個曾經的童僕，一心要把這場滿月酒辦成這座小城有史以來最盛大的慶典。庭院裡懸掛著金、紅雙色綢帶和絲質的燈籠，擺放著蘭花盆景，還從北京請來了京劇團表演宮廷劇目，另有雜耍演員、魔術師各自展現拿手絕活。

家裡的廚子們提前幾個星期就開始精心準備。外高祖父家有兩道常熟特色菜做得遠近聞名：一道是將整雞用泥土包裹烤製而成的叫花雞，傳說是一個常熟的叫花子偷了一隻雞藏在泥裡烤，無意中發明的；另一道是用糯米和八種蜜餞、果仁、紅豆泥蒸熟而成的八寶飯。

在主樓後面一間燈光昏暗的房間裡，男客們舒服地斜倚在暖炕和軟榻上，抽上好的加爾各答鴉片。

正在賓主盡歡的時候，作為家族繼承人的老四雖然自己慣於貪圖享樂，卻認為外高祖父虛榮、鋪張，於是心生不滿。父親的巨大成功使他無法企及，他憎惡生活在父親的陰影下。那天下午，外高祖父正在迎接客人，敏銳的老四立刻注意到他穿了一件新的長袍。引起他興趣的自然不是外高祖父的著裝本身，而是他腰上懸掛著的玉印章，這既是他尊貴身分的標識，也是簽署重要法律文書的必備之物。此時這枚玉印章沒有像往常一樣懸掛在老人家的腰間。見狀，老四迅速在腦中策劃了一場盜取父親錢財的陰謀，倘若成功，那麼獲得錢財的規模之大將是前所未有的。

夜幕低垂，桌上擺滿了精美菜肴、各色甜點和紹興佳釀。亭台樓閣裡擠滿了家眷和賓客，當漫天的煙花開始爭奇鬥艷地綻放，所有人都停下交談，一同望向夜空，屏氣凝神地觀賞。

趁著各廂房空無一人，老四開始採取行動，大步穿過人群，老七則邁著短腿努力跟上。走進內廂房後，兄弟倆放慢了腳步，躡手躡腳地從外高祖父書房的桌子上順走了幾件東西，然後又偷偷溜進了外高祖父二姨太，也就是老七生母的房間。老四撩開四柱大床的帳子，爬上床伸手

從吊燈下取走了一個小小的物件——外高祖父的玉印章。這印章直到幾小時前還用一根細絲繩掛在他長衫的腰間。

老七往常憨厚的笑容消失了，他的眼睛眯成了一條縫。「老四，這印章不能拿！我們逃不掉的——」

「噓，你這蠢貨。我這個計畫萬無一失，但需要你相助。這是我們唯一的機會，要不是他換長衫的時候把印章忘在這兒了，否則絕不會讓它離身的。」

老四把從外高祖父書房裡偷來的東西在桌上一字排開。先是用印章沾上印泥，小心翼翼地在外高祖父定製的空白信箋上蓋上了紅印，接著把印章擦乾淨，放回原處。最後他把這張蓋了印章的紙折起來放進長衫口袋裡，和老七一起回到宴會上。

從小老四就對練習書法既沒興趣，也沒有耐心。但老七卻很早就表現出了這方面的天賦。外高祖父曾教小兒子練習自己喜歡的字體，還經常讓老七代筆寫信給他資助的人。

老四想充分利用弟弟的書法特長。外高祖父在英資的香港上海滙豐銀行（滙豐銀行的前身）存著一筆數目可觀的資金，作為子孫後代的信託基金。這筆款項高達五萬英鎊，相當於今天的八百萬美元。

幾天後，兄弟倆返回上海，立即著手操辦。在老四的指示下，老七用印著外高祖父印章的信箋偽造了一封父親的親筆信，要求銀行提出外高祖父的全部存款。隨後，兩人立刻前往位於外灘十二號的香港上海滙豐銀行總部。

在等待銀行授權的間際，老七睜大了眼睛，緊張地打量著門口兩側裹著頭巾的印度錫克教警衛，只見他們肩背步槍，腳蹬高幫皮靴，皮帶扣閃閃發亮。老四抬著頭，彷彿在欣賞那精緻的拱形天花板。「別擔心，七弟。」老四聲音沙啞地說道。「用不了多久，這些大鬍子警衛就得點頭哈腰地幫我們把金子裝上車。」

這家銀行的負責人不僅是外高祖父長期的合作夥伴，還是紹興同鄉兼老友。出於對外高祖父的尊重和禮貌，他親自來到大廳，問候和接待了兄弟倆。作為負責英資銀行業務的買辦，席正甫是上海最具影響力的

外灘 12 號香港上海滙豐銀行，1880 年代。

金融家之一。他審慎的作風為他贏得了中西方商界的一致信任。

　　席買辦穿著一件寬大的長衫，外罩一件熨燙得筆挺的馬甲，個子顯得有些矮小。他的眼距略寬，鬍鬚修剪得十分整齊，而舉止溫和，掩飾了他精明的性格。他坐進鑲著實木壁板的貴賓室，隔著巨大的辦公桌和兄弟倆輕聲交談，語氣十分客氣。「恭喜七少爺喜得貴子。我本想親自去常熟參加令郎的滿月酒，但公務纏身，實難走開，望您見諒。」

　　「不敢勞煩您撥冗跋涉，」老七回憶起席買辦派人專程送到常熟的四件純金小擺件——一本書、一把劍、一個官印和一個小算盤。「禮物貴重，讓您破費了。在場的家人賓客都讚不絕口。但願犬子能不負所望。」

　　「區區薄禮，聊表心意，不足掛齒。」席買辦身體前傾，雙手十指相抵。「不知今天兩位少爺大駕光臨，有何貴幹？」

　　老四開口道，「我們受家父之命前來。」接著，從長袍裡取出一個

信封，禮貌地用雙手遞出。席買辦也雙手接過，不露聲色地讀起信來。他瀏覽過大量外高祖父的財務檔案，對那絲質的信箋、工整的字跡和清晰的印章再熟悉不過。

席買辦讀完最後一行，開始依次仔細打量兄弟倆。外高祖父十幾年來從未動用過那筆存款，讓錢存在銀行賬上利上滾利。他沒料到外高祖父會突然把這筆錢悉數取出。老四坐立不安的姿態讓他起疑，但手裡的這封信又似乎是真的，老七親切的態度也令人放心。於是，席買辦點了點頭，從書桌旁緩緩起身。「我明白了，如果沒有其他指示，我會馬上安排人準備好元寶。」

席買辦走後，老四對弟弟説，「你浪費了那麼多時間練毛筆字，這回終於派上用場了。」

過了一會兒，席買辦帶來了銀行的會計。這位金髮碧眼的英國人打開一本黑皮面的帳簿，讓老四在上面蓋上了自己的印章，交易便完成了。

當馬車裝滿金銀元寶和鈔票後，席買辦向兄弟們告別。「請代我向令尊問好。」接著他又問了一句，「平常這種事情我是從不過問的，不過我與令尊是老朋友了，就斗膽問一句，這筆錢你們打算怎麼用？若能幫上什麼忙，我將不勝榮幸。」

老四早就準備好了答覆：「最近有個房牙説我們在四馬路的房產附近有幾英畝地要出售，家父想悉數買下，再建幾套弄堂公寓出租。」

「機會真是無處不在。這幾天我也聽説那附近要修建道路和設施。想必到時候你們能日進斗金。」

「借您吉言。」老四説著，便順手拉上了馬車的簾子。儘管他安排的是一輛四駕馬車，但行駛在鵝卵石路上還是頗為費力。

就這樣，老四和老七成功地從上海最大的外資銀行搶劫了自己的父親。

幾個月後，正如老四所言，那塊地皮被成功出售，但買家卻不是孫家。席買辦在報紙上讀到的時候頓感不妙，當時見到孫家兩兄弟時就感覺有些蹊蹺，如今不禁覺得可能出事了。他的內心很矛盾，一方面作為銀行家要保持審慎，不應干預客戶私事，但另一方面他與外高祖父的交

情又令他無法坐視不理。最終，他決定聽從直覺，給外高祖父寫了封親筆信。

當席先生的信抵達常熟時，外高祖父剛從二姨太的廂房裡午睡醒來，離他兒子盜取印章的地方只有幾英尺遠。當他看到信封上香港上海滙豐銀行的標誌時，突然有種一種不祥的預感。信的開頭寫得很委婉，買辦客氣地問候他的身體健康和退休生活，並再次祝賀孫家喜迎長孫。

讀到信尾時，外高祖父的臉頓時扭曲了。席先生寫道：「令郎近日從我行將錢款悉數取走，聽聞為您購置土地之用，望一切順利。如有其他財務方面的需要，我願隨時效勞。」

外高祖父憤怒的嘶吼聲在六英畝的宅院裡久久迴盪著。

第二天，外高祖父立刻啟程去上海找兩個兒子，卻徒勞無功。兄弟倆早已不見蹤影，接下來的三個月都在東躲西藏，始終比外高祖父派去搜尋的人快一步。租界對想逃離法網的人來說簡直是完美的避風港。公共租界有聽命於英國人的錫克教巡捕，而法租界有聽命於法國人的越南巡捕，兩支國際巡捕房各自為政，又均獨立於上海本地警方。想躲避追捕只需要簡單地過個馬路去另一個轄區即可。

兄弟倆偷走了外高祖父在香港上海滙豐銀行的全部存款以及家族企業的所有現金，然後就從上海灘人間蒸發。在上海找了整整三個月後，一無所獲的外高祖父氣得差點中風，也空手回到常熟。

在儒家文化中，忤逆父母罪大惡極。外高祖父將老四和老七的名字從宗譜中剔除，還在報紙上整版刊登斷絕父子關係的公告。他甚至拜訪紹興會稽老家的遠房親戚，想要找個老實本分的近支子弟收為嗣子，以便日後能繼承家業、接續香火，但最終無功而返。已經隱退，卻被迫重新操持家業的外高祖父對兒子的大逆不道，以及錢財的不翼而飛均束手無策。這次盜竊雖未使他破產，卻令他的精神受到了重創。由於唯一的孫子還是個蹣跚學步的嬰童，他不得不面對臨終前沒有成年繼承人、無法延續家族血脈的可能性。

為了躲避父親的追查，兄弟倆一次又一次地搬遷，也迅速耗盡錢財。於是，二人又商量出一個計謀，這一次是想利用外高祖父對他們悔過自

新的期望。

　　兩人藏匿在上海郊外某個小鎮上，由老七執筆給外高祖父寫信，告訴他老四對自己的所作所為深感羞愧、悔不當初，已吞下生鴉片自盡。在他彌留之際，仍惦記著葬入常熟祖墳。外高祖父無法拒絕長子最後的遺願，於是安排輪船將老四的棺木從上海運回常熟安葬。老四的妻子得知丈夫去世的消息後自殺未遂，住進了一座尼姑庵，日日茹素念佛。

　　如今外高祖父以為十二個孩子中只剩一個兒子還活著。老七請求父親原諒，並發誓如果再給他一次機會，他必將改過自新。外高祖父只得默許，並將他帶回家軟禁了兩年多。在此期間，老七閱讀了不少經典，顯得頗為用功，書法方面也更加精進。隨著時間的推移，外高祖父對他漸漸放鬆了芥蒂，允許他偶爾出去喝茶會友。但老七從來不是安分的人，很快就娶了三房姨太太，與他的糟糠妻子同住在一個屋簷下。

　　經過香港上海滙豐銀行一事，外高祖父對銀行失去了信心。他把自己的錢財以金銀元寶的形式存放在一間庫房裡，將這些元寶整整齊齊、從下至上堆放到了天花板，並派專人日夜值班看守——外高祖父當真以為，這才是保全財物最萬無一失的辦法。每個月圓之夜，他都會去庫房仔細盤點，確保錢財完好無損。直到風燭殘年，他身體偏癱、幾近失明，仍然掙扎著去庫房，用罹患關節炎的手指，沿著貨架來回輕撫他心愛的元寶，聊以慰藉。

外高祖父病逝後，被視為唯一繼承人的老七，立即出發去檢查庫房，他和某個人約好在入口處會面。那人不是別人，正是老四。他一直活著，就躲在上海！老七運往常熟的棺材裡裝的全是石頭──兄弟倆為了逃避外高祖父的懲罰而精心設計的詭計又一次得逞。

　　兩年多前，老七買通庫房看守。除了最外面的幾排，裡面的金銀元寶早已被偷換成了不值錢的鉛錠。外高祖父一直被蒙在鼓裡或許是件好事。他白手起家，官居朝廷二品，累積了大量財富，卻被詭計多端的兒子們幾乎敗盡。在他生命的最後幾年，想到自己還有那麼多金銀元寶，內心獲得了極大的安慰。

　　外高祖父過世後，兄弟倆接手產業，恢復了經營。老四的妻子也從尼姑庵搬回宅裡，重新當起了少夫人。

　　然而，老四過度放縱的生活最終透支了身體，不到四十歲時就去世了，沒有留下任何子嗣。為保往生后的安寧，須有男性子嗣為他焚香祭拜。這責任便落在家族唯一單傳的男孩，老四的侄子、老七的兒子──十八歲的外祖父身上。

# 中國人的親屬關係

　　中國人對親屬的諸多稱謂對於確定一個人在家庭中的位置至關重要。從最簡單的說起，直系親屬中有哥哥、弟弟、姊姊、妹妹。此外，還要加上兄弟姊妹的出生順序：如大哥、二姊等。

　　在英文中，「uncle」可以指很多人，因此在介紹時就不可避免地產生一個問題，即他和你到底是什麼關係。中國人則用不同的稱謂加以區分：伯伯指父親的哥哥；叔叔指父親的弟弟；舅舅指母親的兄弟；姑父指父親的姊妹的丈夫；姨父指母親的姊妹的丈夫。（通常情況下，當中國人用英語稱呼某人「uncle」和「auntie」時，他們可能只是熟人，而未必是血親。）

　　家族其他分支的成員也有特定的稱謂。其中，每一種表親都有不同的稱謂──包括父系表親或母系表親、男性表親或女性表親、年長的表親或年幼的表親，以及血緣關係或姻親關係的表親。一兩個漢字就能傳達出十個英文單詞才能表達的資訊。例如，堂嫂的意思是「父親的哥哥的年長兒子的妻子」。

　　從小瞭解這些稱謂意味著你能立刻知道與某人的關係。你的稱謂也讓你在家庭中有了永久且穩固的地位。

　　這種既複雜又省力的稱謂體系在過去是很有必要的，因為人們大多身處多代同堂的大家庭。諸如「同父異母」和「姨娘（指父親的妾室）」等稱謂都十分有用。

　　相比西方文化強調的個體主義，傳統上中國人更看重集體主義。例如，中文名字都是姓氏在前，所以人們從小就知道個人須歸屬和服從於家庭。此外，在信封上寫地址時，也是先寫國家，然後再寫城市、街道地址等，最後才寫姓名。

　　現在中國人為與西方習慣保持一致，有時也會調整英文名字的順序，但傳統的寫法依然是姓在前，名在後。換句話說，要先介紹你的家庭，再介紹你個人的身分。（芝潔）

哥哥（年長的兄弟）　　伯伯（父親的哥哥）
弟弟（年幼的兄弟）　　叔叔（父親的弟弟）
姊姊（年長的姊妹）　　舅舅（母親的兄弟）
妹妹（年幼的姊妹）　　姑父（父親的姊妹的丈夫）
姨太（指父親的妾室）　姨父（母親姊妹的丈夫）

姆媽和八歲的樹澄以及四歲的樹瑩，攝於上海照相館。樹瑩擔心會從身後打開著的窗戶掉下去，因此神情略顯緊張。

CHAPTER 5
FOOTLOOSE

# 第五章
## 鬆開裹腳布

「親婆，為什麼您的腳長這樣呀？」

我不記得當時為什麼要問這個問題。此前，我曾無數次看到祖母將她奇特的腳泡在一盆溫熱的醋水裡，但我從來沒想過要問她。我小時候有很多時光都是和祖母一起度過的，但是除了那些必要的日常對話，我想不起我們曾經聊過些什麼。通常，我們會在沉默中相互陪伴，怡然自得。我經常坐在她臥室的桌子旁，和她一起用收音機聽說書或京劇，或者看著她一盤接一盤地玩牌九。

她的沉默並不令人畏懼。她很少像別人那樣嘴角上揚地微笑，但高興的時候，她眼距略窄的雙眼會變得圓溜溜的，像黑紐扣一樣閃閃發光。雖然她不善於溺愛也不喜歡讚美，但他的存在總讓我感到安心和自在。不過，家裡不是每個人都這麼認為，我的兄弟姊妹，甚至我的母親都害怕她。親婆生氣的時候，從不掩飾自己的不快。謝天謝地，她從來沒有

親婆張潤禪穿著視覺上像小腳的特製鞋子，攝於 1895 年左右。

對我發過火。

　　所以，當我提出這個問題的時候，她臉上的表情讓我很疑惑，突然瞪大的眼睛彷彿被用力拉扯尾巴的小貓。

　　過了好久，親婆才低下頭，看向自己的腳。「那時候我比妳年紀還小……過去啊，大家閨秀都要裹這樣的小腳。如果母親不幫女兒裹，那可能永遠找不到合適的婆家。」親婆的眼睛有些濕潤。「阿彌陀佛，妳和姊妹們不用遭這個罪。」

　　她深深地歎了口氣，注意力又轉回她的牌九上。話題便到此為止。

　　在這次談話之前，我從來沒在意過這件事。但祖母愈是對她綿軟似雞爪的腳趾諱莫如深，我就愈是好奇。

　　我見過其他上了年紀的小腳女人，但從沒有人公開談論這件事。直到我長大，才知道親婆小時候也纏過足。有一次，芝潔從夏威夷來香港看我，我便把這件事告訴了她。她對自己的曾祖母也曾遭受這種可怕的酷刑感到震驚。

　　「我當然知道纏足這回事，」女兒說，「但這次聽您說了親婆的故事，我才感同身受。」既然如此，就由芝潔來介紹吧。

　　芝潔：為了追求所謂的女性美，中國漢族婦女被纏足的陋習禁錮和迫害了長達十個世紀之久。從五歲開始，女孩的雙腳就要用長長的絲綢或棉布緊緊裹起來。隨著時間的推移，腳趾會斷裂，並折疊至腳掌下。這樣裹腳有兩個目的：一是不讓腳繼續生長，二是讓腳型變得理想。

　　很難理解這種做法竟然具有性的意味。在極端情形下，腳跟也要被迫內折，進一步誇大足弓，直到腳跟和腳背之間出現一道裂縫，這被認為是性感撩人的。女人的腳越小越性感，最理想的長度是四英寸以下。邁著「三寸金蓮」一步三搖地冉冉而行，被視為是優雅的頂峰。但為此

付出的高昂代價是：極度的痛苦、頻繁的感染和對他人的極度依賴。

富裕家庭的女性自然有丫鬟或僕從幫扶。然而，給女孩裹小腳的並不只是富裕人家，收入微薄的貧農家庭也相信這能改善女孩的姻緣。但如果她嫁得不好，還要踩著殘足下地幹活，那就雪上加霜了。

這樣殘忍的做法，怎會出自於母愛？這樣畸形的腳，又怎會激發出愛情？正如一位作者所言，「裹小腳背後的動因很複雜，與婚姻、性、地位、美和責任都有關。」[1]

當媽媽告訴我，她的親婆得以從纏足中解放出來時，我如釋重負。

親婆出生在江西景德鎮，一座以瓷器聞名的小城。她的一個陪房丫鬟告訴我，親婆纏足時才五歲，因為年紀太小，還無法反抗。但我想，她應該在那時就萌發了伴隨她一生的堅毅性格。十歲時，她激烈反抗，迫使父母拆除了她的裹腳布。

親婆是太爺爺好友張翼將軍的女兒。她一出生就被許配給太爺爺的兒子老七，所以不需要用三寸金蓮來取悅男性。鬆綁後，儘管她的腳依然畸形，而且終身為疼痛所困擾，但她或多或少還能自由行走。

親婆十四歲時與十五歲的爺爺在太爺爺的常熟府邸成婚，成為他明媒正娶的正房妻子。從她記事起，親婆就在等這一天的到來，但她一直不知道對方長什麼樣。禮畢後，親婆在新房裡第一次見到她的新郎。他掀起紅蓋頭的那一刻，她驚訝地發現他個子矮小，膚色黝黑，比起鄉紳家的少爺，更像一個農民。

不過，親婆也沒有多少機會和新婚丈夫相處。婚後才幾天，他就把

...

1　1998 年 10 月 26 日新華社報導，引自舊金山虛擬博物館，www.sfmuseum.org/chin/foot.html。

她留在常熟，自己回到上海，與老四一起裝模做樣經營家族產業。十個月後，爺爺才回到常熟大院，參加兒子的滿月酒。沒過多久，他就和老四去香港上海滙豐銀行進行搶劫，緊接著又開始過上藏匿的生活。

幾年後，爺爺回到常熟，被太爺爺軟禁在了家裡。這本應是他和親婆親密相處的最佳時光，可惜爺爺是個不思悔改的浪蕩公子。但親婆無視幾千年來中國男子納妾的傳統，她偏要制止爺爺娶小老婆。她連裹好的小腳都能鬆綁，怎會容得小妾進門。

雖說親婆是正室，但她身為一介女流，可謂無權無勢。她的抗議沒能對爺爺產生任何影響，只能眼睜睜看著他接連娶了三房姨太太——其中大姨太和三姨太還是親姊妹。此外，他在妓院和茶館還有不少風流韻事。這些姨太太的孩子都是爹爹同父異母的兄弟姊妹，也都和各自的親生母親一起住在關係日益複雜的常熟大宅子裡。

離婚是不可能的，於是親婆決定與丈夫老死不相往來。她轉而向佛祖尋求精神慰藉，終其一生虔誠禮佛。

不過事情最後還是得到了解決。正如我最喜歡的一句俗語所言：「船到橋頭自然直。」親婆最終找到了出路——作為爺爺的正室，她生下了家族那一輩唯一的嫡子。1912 年老四去世時，所有的家族遺產都留給了他十八歲的侄子，也就是爹爹。這筆意外之財使爹爹得以承擔起贍養親婆的責任。母子倆立刻離開常熟，前往六十英里外的上海開始新的生活。

親婆是虔誠的佛教徒，她每天都要花好幾個小時念佛。念佛是淨土宗的一種冥想方式。小時候，只要我坐在她身邊聽她念經和撥弄念珠的聲音，就會安靜下來。她的檀木念珠被成千上萬次的撚動打磨得光滑無比，鬆散地盤繞在她糯米紙一般纖薄的手間。我像被催了眠一樣，目不轉睛地看著她用拇指一顆一顆地滑動念珠，一百零八次地重複「南無阿彌陀佛，南無阿彌陀佛，南無阿彌陀佛……」，然後順勢再把念珠轉回起始的位置。親婆並不孤單，每天有兩個傭人侍奉她，幫她穿衣洗漱。她幾乎不化妝，只在半透明的臉頰上抹上一點胭脂。每天早上，其中一個傭人會用黑色的染髮筆幫親婆遮蓋髮際線邊上的白髮。

親婆還有一個教友，專門陪她一起祈禱和念經。我稱其為「公公」，

因為我一直以為她是個男人。直到我看到她更衣，才意識到「公公」寬鬆的長袍下有著女人的胸部。還好平常說話時，「他」和「她」發音相同，我才得以蒙混過關。多年以後，我才知道「公公」一般指的是朝廷的宦官。

# 擺脫纏足

1912 年清朝覆滅，纏足終於被視為非法而被取締。據估計，自纏足的習俗建立以來，有超過十億名中國婦女遭受其苦。然而，儘管新政府對堅持纏足的家庭處以罰款，但直到幾十年後，此一陋習才正式宣告結束。

據新華社報導，1998 年最後一家生產小腳鞋的工廠停產了。

「專為小腳婦女設計的鞋子如今已經成為歷史。對一些從小裹腳的老年婦女來說，可供選擇的鞋子很少，除了黑龍江省的哈爾濱市，其他鞋廠都已不再生產這類鞋子……1991 年，該工廠為了填補市場空白，推出了專為老年裹足婦女設計的小腳鞋……在最初的兩年裡，這種鞋每年能售出 2000 多雙，但現在銷量不及一半。眼看庫存堆積如山，工廠不得不考慮如何處理這些幼童都穿不了的鞋子。」[2]

一個可怕的傳統就此終結了。（芝潔）

...

2  1998 年 10 月 26 日新華社報導，引自舊金山市虛擬博物館，www.sfmuseum.org/chin/foot.html。

鎮甯路 668 弄 15 號樓

# 第六章
## 先生街

　　爹爹有一條以自己的名字命名的街道。照理說這是難得的殊榮，可惜對爹爹而言卻是不堪的恥辱。

　　我的父親孫伯繩在其祖父的常熟大宅子裡錦衣玉食地長大。從上海乘坐太爺爺輪船公司的蒸氣輪船回常熟，需要在長江上航行一天一夜。常熟土地肥沃、河流縱橫、盛產魚蝦，繁榮了幾個世紀。其名「常」意為「永遠」，「熟」意為「豐收」，亦是其富饒的證明。

　　孫家大院坐落於茶園之間，白色的高牆內有二十棟灰色瓦頂的樓閣，通過蜿蜒的小徑和曲直的遊廊相互連接，裡面住著十幾位太太和小妾，由八十名傭人全天侍奉，另有專人打理瓜果菜園。

　　對於裹小腳的女人來說，要走完這六英畝的宅院著實不易。若是偶然要去另一處庭院，須叫四名家丁抬一頂轎子出行。府中的正廳精緻考究，內置一張可坐三十人的大桌，春節和其他節慶活動才會使用。其餘

時間，女人們大多待在各自的廂房。

太爺爺理財比治家上心。雖說庭院裡月門通透、風景怡人、柳樹成蔭、錦鯉遊弋，處處賞心悅目，卻無助於平息園中女人們之間的勾心鬥角。

作為爺爺正室生下的第一個也是唯一一個兒子，爹爹在養尊處優的環境中長大，但他的童年時光卻是幽暗而孤獨的。家中的男人們自顧不暇，鮮少在家。而親婆與姨太太們相互交惡，不許爹爹與同父異母的兄弟姊妹們玩耍。

爹爹只得從宅子的秘密庭院和太湖石中探索樂趣、尋求慰籍，漸漸學會像詩人那樣體會四季變幻的美妙。成年後，他雖然時常往來於文人雅士之間，卻始終像少年時期一樣喜愛獨處。

作為一名藝術史專業的學生，芝潔與我父親從未謀面，卻有著特殊的親近感。

芝潔：我對母親的家族瞭解得越多，就越覺得外祖父在二十世紀的背景下像一個生錯了年代的人。他經歷了中國漫長歷史中最激進和劇烈的時代變革——他十八歲那年清朝滅亡，統治中國兩千多年的封建帝制宣告結束。

外高祖父從寒門之子躍升為朝廷重臣，使外祖父獲得了接受傳統儒家教育的機會和通過科舉考試進入官場的能力。但是，與那些出生於書香世家的學者不同，外祖父無意在朝廷供職。更主要的是，科舉制度在他十一歲那年就被廢除了。他繼承了中國偉大的文人傳統，卻沒有追求仕途的義務。儒家思想的浸潤使他建立了堅實的道德基礎，也令他始終保持著對文學和藝術的尊崇。

外祖父出生時，常熟地區繁榮的農產品、絲綢和棉花貿易已經催生

出了富裕的商人階層。為進一步提高自己的社會地位，這些商人把積累的財富投入了文化事業。常熟一些知名的收藏家，如十七世紀著名的山水畫藝術家「四王」，彙集了非凡的藝術收藏。濃厚的文化氛圍為外祖父提供了從小學習和瞭解藝術的機會。

我給芝潔講過爹爹年輕時犯下的一次過失，芝潔認為這對爹爹的後天性格產生了重大影響。爹爹十幾歲時，就已經是一個狂熱的書畫、瓷器和藝術品收藏家了。某個悶熱的夏日午後，一個年輕的藝術品商人駕著馬車來到孫宅。馬車上面的木箱引起爹爹的興趣，於是他走出門一探究竟。

商人跳下馬車，直起身子面向爹爹。「我這剛好有一批好東西從北京運來，給您瞧瞧，」他說，「這些瓷器是乾隆皇帝的親戚委託轉賣的，非常稀有。孫先生，您一定會──」

話還沒說完，爹爹就像受到了侮辱般下意識扇了他一巴掌。按常理，商人──即使是從事藝術品和古董交易的商人──都不屬於爹爹的社會階層，應該尊稱他為「少爺」表示謙恭。叫「先生」是以下犯上。

「豈有此理！」爹爹勃然大怒。他的指尖感受到了方才那人臉上黏糊糊的汗珠。從父親單純的生活經驗看來，他的家族是當地的名門望族，他人理應倍加尊重。在年少的爹爹看來，一記耳光並不過分。

但藝術品商人可不這麼認為，一舉將爹爹告至常熟縣衙。悄然變化的社會環境使縣令做出了偏向商人的判決，要求爹爹為他打人的行為付出巨額罰款，並將罰沒所得用於在常熟修建一條街道。這位商人雖不是文人，卻獲得了詩意般的公正。縣府特將這條街命名為「先生街」。

小時候在上海，我曾聽下人們悄悄說起先生街的故事。爹爹自己卻從來沒有提起過。他平時總是給我們帶一大堆書回家，在餐桌上縱容我

們吃各種美味佳餚，耐心地教我識字。耳光事件與我對他的印象如此不同，以至於我很多年都無法相信。

但這個故事在半個世紀後有了後續。當時我和丈夫在香港經營我們自己的小家，為此面試了一位來自常熟的廚子。當我告訴她我娘家姓孫時，她問我是不是她家鄉那個名聲不好的「孫先生」的親戚。

多年之後，我終於接受了那個不懂事的少年和彬彬有禮、對我關愛有加（雖然有時很疏離）的父親是同一個人的事實。芝潔認為，先生街事件後，他吸取了教訓、懂得了謙卑，我也同意。這場訴訟的懲罰和隨後的自我反省造就爹爹謙恭和仁慈的品性，這也是後來大多數人對他的印象。

1912 年，爹爹繼承了伯父老四的遺產，同時也放棄了學術道路，開始在上海經商。他十分不情願地工作了十多年，努力經營家族事業，而不是從事他真正的愛好——藝術品收藏。他三十二歲回到常熟時，按當時的標準，已經人到中年，應該娶妻生子了。據家裡人說，爹爹途經大路時，遇到了在此散步的姆媽。那時她才十七歲，身姿優美、五官精緻，是一個標準的古典美人。當時，爹爹坐在搖搖晃晃的轎子裡，正好看見她不緊不慢地抬起頭，用水汪汪的大眼睛望向他，和顏悅色的神情令人無法抗拒。她身上散發出一種舊式的優雅，全然不同於上海那些時髦開放的都市女孩。爹爹被迷住了，在兩人短暫的交往後便向她求了婚。姆媽原本家境殷實，但幾年前父母亡故，嫁給房地產繼承人並去上海生活是難得一遇的機會。

我不確定這個故事是否完全屬實，但我確信，對我母親來說，這樁婚姻是天賜良機。她離開常熟後，便再也沒有回去過。不到一年，她就完成了蛻變。在上海這個世界上最有魅力的城市之一，她成為了妻子和母親，過上了吃穿不愁的生活。

父母剛結婚時，住在從伯父老四那裡繼承來的大房子裡。房子位於愛文義路〔顯然不是公共租界最有創意的街名（譯按：英文原意為大街路）〕上一個一英畝的地塊上。爹爹在掌管家族產業十四年之後，發現自己還是更適合做一名學者，而不是資本家。在我出生前後，他曾試圖

擴大公司的版圖，利用投資人和他自己的資金建立了華東商業銀行。在那個充滿不確定性的時代，日本侵華戰爭進一步深入，一場國共全面內戰即將打響，任何投資都注定是冒險。

不到兩年，銀行就宣告破產，以失敗告終。為了償還債權人，爹爹不得不變現股票和其他資產，包括拍賣我們的房子。他損失了逾一半的資產，但設法保住了三馬路和四馬路，並用那裡的租金支撐了我們全家幾代人接下來數年的生活。

這次創業失敗給全家蒙上一層陰影，雖然我們仍然保持著富貴階層的生活水準，但較以前遜色了許多。最大的變化是我們從伯父老四在愛文義路的大房子搬到了越界築路的新家。這裡被稱為外部路，位於國際公共租界的西側，後來改名為鎮甯路。爹爹從一個朋友那裡租了這塊地，在上面建造了我們的新家，地址是六六八弄十五號。從那裡騎自行車或坐三輪車到我們上學的中西女中非常方便。

我們的弄堂在愚園路以北，是一條寬闊的住宅街道，兩旁種著茂盛的梧桐樹。那裡花園洋房都和我們家一樣，維護得很好，優雅且低調。也有一兩棟大一些的宅邸，不過不像法租界的那麼氣派。我們的鄰居大多是上海人，還有一家英國人和一家日本人。我們對面房子的主人是聲名狼藉的袁世凱的後代。1912 年，在清朝末代皇帝溥儀退位的過程中，袁世凱發揮了重要的作用。他曾短暫地擔任總統，後來復辟登基，自封為洪憲皇帝。

也許是受投資失敗的影響，爹爹為我們設計的新家堅固而質樸。大門上方掛著一塊木雕匾牌，上面寫著會稽孫府。紹興會稽是太爺爺的故鄉。雖然我們幾個孩子都出生在上海，甚至從來沒有去過會稽，但父親把那裡視為我們家族的發源地。

整裝建築是西班牙風格，由一位中國建築師設計。灰泥外牆、紅磚裝飾牆和赤土陶地磚充滿地中海特色，窗戶、拱門、欄杆、大門無不展現出優美的曲線。但這棟房子最突出的還是它的外立面，由三部分的扇形輪廓環繞彎曲組成，在天空的映襯下極具視覺衝擊力，展現出一種安穩而低調，樸實而簡約的力量感。

樓下的花園一年四季都有鮮花盛開。通過花園，再穿過一扇雕花拱門就來到了挑高的門廳，裡面藍白相間的天津地毯在柔和的燈光下閃閃發光。每層樓都配有寬頂露台，在潮濕的夏天也能享受陰涼和微風。

　　雖然外觀是西洋風格，但室內布局尊崇了「三」的中式設計原則：樓房一共三層，每層有三間房。一樓是爹爹的書房、中間和餐廳。二樓是我們日常的餐廳和我父母、親婆的臥室；三樓則是孩子們的臥室。廚房和傭人房在主樓後面的輔樓裡。

　　「三」不僅反映在房間、門廊和窗戶的布局上，還體現在我們家庭的構成中：三世同堂，以及三個倔強的成年人。「三」的原則雖然有助於設計的平衡和協調，卻不利於家庭結構的穩定和家庭成員間的和諧。

　　從小到大，我們很少看到父母在一起。姆媽搬到上海後很快就融入了都市生活，並沉迷於流行文化。她善於交際，喜歡打麻將、看京劇等各種娛樂活動，並時常出去和女性朋友們參加社交聚會。她和爹爹性格截然相反，是典型的慈母嚴父。

　　父母的差異從他們房間的氣味就可見一斑。姆媽的臥室是甜蜜的法國香水和爽身粉的味道，而爹爹的書房則是落了灰的書籍和未乾墨汁的味道。倆人都追求美和精緻，但身處不同的世界，目標也有分歧。姆媽喜歡輕佻的活動，而爹爹討厭無謂的消遣。姆媽總是心血來潮，而爹爹一貫有條不紊。姆媽熱中於追求時尚，而爹爹執著於古典文化。她樂於四處遊走，而他則慎獨沉穩，走到哪裡，手裡都捧著一本書。

　　他們之間不夠親密，與其說是漸行漸遠，不如說是從來就沒有瞭解過彼此。在他們相遇的時候，倆人都處於人生的重要關口，都想趕緊邁入下一個階段，於是互相迷戀上了理想中的對方。然而他們性格截然不同，雖然一開始相互吸引，但最終還是因為缺乏共同語言而彼此厭惡。

　　此外，還有其他阻礙，比如他們之間十五歲的年齡差距，或者是同住在一起的嚴厲婆婆。

　　從1913年爹爹搬到上海開始，親婆就和他一起生活。爹爹是她唯一的孩子，他繼承的遺產使親婆得以拋棄風流的丈夫，全心全意照顧兒子。在我們家，爹爹是家長，親婆是尊貴的老太太，姆媽只能排在第三，而

且地位相差甚遠。親婆和姆媽都遭遇了丈夫的不忠，但卻未能結為盟友。相反，除非是兩人起了爭端或發生口角，否則基本不相往來。

姆媽很少在中午之前醒來。有一次吃午飯的時候，她拉著一雙繡花拖鞋就走進了餐廳。此時親婆已經開始用餐，她不滿地撇了一眼兒媳的腳，姆媽立刻一聲不吭，回房間換了一雙正式點的鞋子。

我們每天在二樓餐廳的紅木八仙桌上吃飯。八仙桌每邊各坐兩人，正好能坐下父母、親婆和我們五個孩子。我很歡喜歡這種桌子對稱的設計。

吃飯的時候，四個傭人各站一角，隨時準備幫我們剝掉蝦殼或摘掉橘子上的纖維。在夏天最悶熱的幾個月裡，我們會打開吊扇解暑，但吃飯的時候，為了不讓食物變涼，只能把吊扇關掉。在炎熱的晚上，傭人們會用芭蕉扇給我們輕輕地扇風，讓令人窒息的空氣流通起來。

我們吃飯的時候有很多規矩，在當時看來很嚴格，但其實對於家風嚴明的家庭來說很正常。不要伸手去夾菜，等人端給你。不要在桌下晃腿。大人說話的時候不要插嘴。不要動來動去，坐好。不要把米飯往嘴裡塞。不要碰親婆的菜。

甚至連爹爹都會受到親婆的訓斥。當他用筷子把最好的菜挑出來放在我們碗裡時，她會責備道：「不要把小孩子寵壞了，他們這輩子有的是機會吃好吃的！你自己吃吧。」幸好，爹爹很少理睬她。我們一邊細細品嘗美味，一般享受父親的寵溺。

親婆生氣的時候都不用提高音量，她的一個眼神就足以威嚇。樹澄十幾歲的時候開始變得叛逆、衝動。有一次，親婆責備她吃得太快，像個農民。「我討厭住在這裡，」樹澄喊道，「妳對傭人都比對我們好。妳只有在罵我的時候才會關注我！」

我屏住呼吸，等著看親婆的反應。

親婆手裡拿著一雙銀製的筷子，筷子的頂端用一根細鏈條相連，她正準備夾起一片糖藕。當撥弄念珠時，她纖巧的手指是那麼的虔誠，此時卻停在半空中。我看見她的手開始憤怒地顫抖，使筷子上的鏈子都纏在了一起。她一句話都沒說，但她的怒火已然震耳欲聾。

四十歲時的親婆

不知過了多久，親婆使勁搖了搖筷子，把鏈子鬆開。她的表情如石頭般堅硬冰冷，沒有一絲感情。其他人只得繼續埋頭吃飯，連筷子和瓷勺都像踮起了腳尖。我們就這樣吃完了飯，小心翼翼，一言不發。

南京路，約 1907 年。

# 第七章
## 這才是娛樂

　　芝潔：在上海成為「上海」之前，只是一個沼澤漁村。亞洲最長的河流和世界最大的海洋在這裡交會。這座城市誕生於罪惡，是商業和殖民主義無序擴張的產兒，是一個不平等條約下的通商口岸。鴉片從這裡非法進口，縮短了數千人的壽命，而這裡的西方人可以不受中國法律的約束。

　　1930 年代，也就是媽媽小時候，住在上海不需要任何護照或簽證。這裡成為流離失所者的天堂：逃離布爾什維克的俄國人、逃離納粹的猶太人、躲避追捕的共產黨人，以及動蕩中流離失所的難民在這裡聚彙。在這樣的背景下，「東方巴黎」成為一個恣意放縱的地方。人們在這裡吸食鴉片、在舞廳裡摟著舞女徹夜狂歡，抓住每一個機會來體驗生活，或是逃離生活，想方設法尋找存在感。

　　在上海，富裕光鮮與貧困骯髒只有一牆之隔。這裡的街道和居民一

樣千差萬別：在租界，新古典主義的辦公大樓和洛可可風格的摩天大樓拔地而起，優雅的林蔭大道上商店與咖啡店鱗次櫛比；幾個街區外，大多數上海本地人住在迷宮般的狹窄弄堂裡。豪華的帕卡德和勞斯萊斯在城市中穿行，與赤腳的人力車和裝滿糞便的馬拉車擦身而過。外國人把街頭摩肩擦踵幹著苦工的窮人稱為「苦力」，把其他人喚作「癟三」，指上海俚語中錢包乾癟、衣不蔽體、食不果腹、居無定所的乞丐遊民。

　　世界上沒有哪個城市能夠把如此多元的世界擠進如此狹小的空間。頭髮花白的俄國人在大都會餐廳吃著皮羅斯基（Pirozhki）和熱氣騰騰的羅宋湯；歐洲商人在紳士俱樂部的廊吧喝著雞尾酒，而他們的妻子則在外灘的豪華酒店裡啜飲著大吉嶺茶。中國人也有自己經常光顧的餐廳，比如親婆最喜歡的齋菜館，供應各類仿製豬肉、雞肉和海鮮樣式的素食。

　　而最能代表上海精髓的就是大世界了。美籍奧地利電影導演約瑟夫·馮·史坦伯格（Josef von Sternberg）將其描述為「集馬戲團、遊樂場、劇院、賭場、水療中心、妓院、遊戲廳和吧台於一身」的地方。[1]大世界的主人是聲名狼藉的黑幫大亨黃金榮，故而有著其黑暗的一面，但對一個小女孩來說，它意味著令人難忘和興奮的冒險。

　　是親婆帶我去了大世界，上海著名的大型娛樂場所。第一次陪她去的時候，我從黑色別克車裡出來，緊緊地攙著她的手，朝著婚禮蛋糕形的尖塔走去。見習司機生通幫我們在門口蜂擁的人群中開出一條路。我當時只有七歲，從來沒有見過這樣熱鬧的場面——穿著時髦旗袍的女士、西裝筆挺的男士和衣衫襤褸的苦力們摩肩擦踵。香水、熏香和汗水
‧‧‧

1　Josef von Sternberg, *Fun in a Chinese Laundry: An Autobiography by Josef von Sternberg* (New York: Collier Books, 1973)；經尼古拉斯·馮·史坦伯格許可引用。對大世界內容的描述中，有一部分是轉述的摘錄。

1957 年大世界的海報呈現傳統的娛樂活動

的混合氣味撲面而來，令我皺起了鼻子。生通遞給服務員幾個硬幣，然後走到一邊請我們進去。「三小姐，小心點，一張票才兩角錢，肯定什麼三教九流都有。上星期我朋友就在裡面遇到扒手！」

我們經過一樓的賭桌、歌女、老虎機和雜技演員，每一寸空間都被蟋蟀籠子、草藥罐子、甜筒霜淇淋和挖耳勺所佔據。因為是下午吃點心的時間，我們去了二樓的一家餐館吃豆沙湯圓。

之後，親婆就起身去書場，準備去聽說書，但我把她拉進一個鏡子迷宮，我們在裡面搖頭晃腦、扮鬼臉、吐舌頭。連親婆都笑得前仰後合、眼睛咕嚕嚕地轉，我從來沒見親婆笑得這麼開懷，心想這些鏡子叫「哈哈鏡」是多麼貼切啊。

在四樓，我們還看到梳著油頭、西裝革履的男人們緊緊摟著身穿高叉旗袍、燙著大波浪卷髮的女孩們。親婆拽著我的胳膊就朝反方向走。「快走，三妹，」她說，「讓那些女孩自甘墮落吧。」我倒希望她們都能遇到良人，正好旁邊角落裡有一個情書角，那裡的代寫員保證寄出去一定會收到滿意的回信。

等親婆全神貫注地坐著聽說書時，我偷偷溜到大廳的另一頭，看一群穿著鮮豔織錦長袍的人表演魔術。我穿過人群走到台前，只見一個魔術師在桌子上放了兩疊籌碼，一摞是白的，一摞是紅的。

魔術師袖子一擺，眨眼間就變出兩摞一模一樣、紅白相間的籌碼。我肅然起敬地抬起頭，發現表演這驚人戲法的魔術師盡然是個七八歲的瘦小男孩。當我們的目光相遇時，他似乎和我一樣驚訝，在這個成年人為主的遊樂場裡很少能見到同齡人。

晚上，我和親婆在樓頂觀看走鋼絲和雜耍表演，還欣賞煙花，其中的一組綻放出古代公主的樣子。等我們回到鎮甯路時，我已經精疲力盡了，但想到這精彩紛呈的一天，我迫不及待地想再去一次。

由於姆媽幾乎每天都要出去社交或打麻將，我大部分時間都和親婆待在一起，那些時光成了我最美好的回憶之一。雖然她長年禮佛修行、十分虔誠，但仍然保留一項消遣——帶給她無限樂趣的說書，一種起源

於蘇州的民間曲藝形式。整個 1930 年代末至 40 年代，親婆都會購買滄州書場的季票。那是上海的頂級說書場之一，離南京路的百貨公司不遠。

因為兄弟姊妹們都對說書不感興趣，所以每次都是我陪親婆去。每年夏天這些說書就會上演劇碼，每天下午一回，要連續演出幾個星期。和莎士比亞的劇迷一樣，說書愛好者們早就對故事瞭若指掌，樂趣就在於看聽說書人對角色的不同詮釋。

說書大致有兩個流派：一種有樂器伴奏，另一種只依靠說書人講述。我很喜歡聽胡琴和琵琶的伴奏。說書人個個多才多藝，每個人能講述和演唱多達十個角色的台詞。

我喜歡愛情故事，而親婆則喜歡悲劇。但我倆都很喜歡經典傳奇《白蛇傳》，講述白蛇修練成人形與一位男子結為夫妻，男子受烏龜化身的高僧挑唆，讓妻子醉酒後現出原形，卻把自己給嚇死的故事。對我來說，故事情節有時難以理解，但那些說書人極具想像力的演繹讓我們沉迷其中。

一個平常的下午，我和親婆坐在我們常坐的第一排的位子上，連著看了三點的傳奇、三點半的正劇和四點的喜劇……直到晚飯時間才回到家。那時兩人都沒什麼胃口了，因為整個下午都在吃各色上海小吃：五香牛肉乾、鍋巴、滷鴨翅、鴨舌、鴨肫還有蔥油餅，美味極了。親婆好吃甜食，所以我們還帶了香梅、焦糖杏仁和糖衣蓮子。

我如此喜歡說書的一個原因，在於它讓親婆感到放鬆和快樂，當我偶爾看到她嘴角露出笑意時，會為她暫時忘卻悲傷而替她感到高興。

# 洋涇浜

　　中國有多少個村莊，就有多少種方言。除了全國標準的普通話，使用最廣泛的兩種方言是上海及周邊地區說的吳語，以及南方說的粵語。喉音和捲舌音較多的普通話和爆破音、硬輔音較多的粵語聽上去更加抑揚頓挫，每個音節都有不同聲調。相形之下，上海話通常一組詞都使用同樣的聲調，而且平舌音較多、音節拖得較長，也更能聽出擦音和氣息聲。

　　姆媽和爹爹從來沒有學過英語，但他們都認為自己的孩子應當要學。和許多上海人一樣，我們的談話中也夾雜著英文的外來詞。就像法語的 carotte（胡蘿蔔），被英語借用變成 carrot 一樣，西方舶來語也迅速成為了漢語的一部分。很容易想到，那些最常見的舶來語都與食品、娛樂和品牌相關。

　　你可能會聽到上海人這麼說話：

　　「午飯，我吃了一份吐司三明治、巧克力布丁外加一杯咖啡，然後我開著別克去看了一部叫《泰山》的好萊塢電影。之後，我躺在沙發上抽了支雪茄放鬆一下，還喝了一小杯白蘭地酒。」

　　以上這些外來詞大多數廣泛沿用至今。（芝潔）

| | |
|---|---|
| 三明治 sandwich | 好萊塢 Hollywood |
| 吐司 toast | 泰山 Tarzan |
| 巧克力 chocolate | 沙發 sofa |
| 布丁 pudding | 雪茄 cigar |
| 咖啡 coffee | 白蘭地酒 brandy |
| 別克 Buick | |

CHAPTER 8
POP CULTURE

# 第八章
## 流行文化

　　我和樹棻正在餐廳吃早飯——大米粥配鹹鴨蛋，這時爹爹走了進來。「我馬上就要去四馬路一家店裡見個人，」他說，「你們兩個願意的話可以跟我一起去那裡玩。」

　　那是六月一個悶熱的早晨，也是我上二年級的最後一週。即使外面熱得馬路都在冒熱汽，我們還是立刻抓住這個出去玩的機會。樹澄，我平時的玩伴，出去找自己的朋友了。

　　我們的司機阿乾已經坐在方向盤前，等我們爬進後座。他的徒弟生通站在車旁，咧嘴笑著向我眨了眨眼睛。他動作乾脆地幫我們關上車門，就匆匆跑到他的老位置——阿乾旁邊的副駕駛位坐了下來。作為見習司機，生通要負責保持汽車一塵不染，還要幫忙做維修和保養。

　　阿乾總是穿一件整潔的棕色長衫，剃好的光頭像別克的鉻金配件一樣光亮。他開車時注意力特別集中，要是我們過於吵鬧，他還會經常制

止我們。他的工作並不輕鬆，要在上海錯綜複雜的道路中規劃路線，破譯外文路名，還要避開粗心大意的行人、三輪車和黃包車。

租界裡的道路和建築都根據承租國的語言習慣命名。在法租界，你可以下榻於馬斯南街的努韋勒旅館；在公共租界，你或許會住在西摩路的諾福克公寓。我們家附近還有英國人命名的極司菲爾路、開納路和憶定盤路。

最初分隔公共租界和法租界的那條小溪後來被填平，變成愛多亞路。租界和租界之間沒有明確的邊界，但不難發現一旦過了某個十字路口，路名就從英文變成法文，或者反過來從法文變成英文，還要換電車或者駕照才能繼續行駛。就連電壓也不一樣：法租界是 110 伏特，公共租界則是 220 伏特。

一開始，英國人按他們的習慣靠左行駛，而美國人則靠右行駛。但後來美國人占了上風：行駛方向在一夜之間完成了統一，造成一段時間的混亂。

在我們眼裡，生通的工作最有意思、也是最重要的部分是當我們即將到達目的地時，他會敏捷地從座位上跳到別克車狹窄的踏板上，然後再跳到路邊，等汽車一停下來，就立刻幫我們打開後車門。

六月的那天，當我們開到四馬路的時候，生通像往常一樣興高采烈地為我們打開後車門。爹爹下車後，把我們交給生通，然後大步走進一家硯台店，而阿乾則在方向盤後方等侯。

生通在他十幾歲的時候就來了我們家。在所有傭人中，他和我們這些孩子玩得最好，因為他只比樹澄大兩歲。他偏門的幽默總能把我逗樂──就像這會兒，他看到街對面兩個撐著陽傘的女子，眼睛裡閃爍出欣賞的光芒。她們看上去還不到二十歲，穿著鮮豔的印花旗袍。「三小姐，」他一邊說，一邊調皮地挑起眉毛，像是要引起她們的注意似的，「快，叫她們阿姨，叫她們阿姨！」雖然我沒有被他慫恿這麼做，但這個玩笑在我們之間流傳了好久。

上一次我見到像她們這樣漂亮的女孩子還是在姆媽的臥室裡。姆媽給我買了一件禮物放在她的衣櫥裡，讓我給找出來。我踮起腳尖，伸長

手去報紙和節目單後面翻找，傾著脖子想夠得更遠。最終，我找到夢寐以求的那本秀蘭‧鄧波兒（Shirley Temple）彩色畫冊。姆媽笑著，親切地拍了拍我的臉頰，她總是為我們挑選稱心的玩具和飾品，「好孩子，這是獎勵妳這次在學校作文比賽中獲獎！」

當我準備仔細翻看畫冊的時候，另一個東西從衣櫥後面掉落到地板上。

低頭查看時，姆媽的笑容消失了，露出奇怪的表情，讓我一時忘了秀蘭‧鄧波兒。是什麼宣傳冊嗎？那東西是朝下掉落的，所以看得到封面和封底：封面是一張照片特寫，上面是一位五官精緻的年輕女子；而封底由許多小幅照片拼接而成，也都是漂亮的女孩子，不過都不如封面上那位美麗。冊子的標題用紅色字體寫著「伴遊服務」，我不知道什麼意思。

「姆媽，這是什麼呀？」

母親皺起眉頭。「和妳沒關係，三妹。給姆媽吧。」

母親沒像往常那樣遷就我，令我有點不知所措。「這些阿姨真好看。特別是封面上的那位——她們是女演員嗎？」

「不是，」她回答。過了一會兒，她苦笑著說，「仔細想來，或許……妳說得沒錯，她們確實是某種類型的女演員。」

如果不是幾天後發生的事，我可能就忘記這件事了。我的父母有四個二十多歲教子，都經常來看望我們，還帶我們出去郊遊。他們最喜歡的教子是李哥哥，我們已經有一段時間沒見到他了，所以當他開著一輛嶄新的凱迪拉克敞篷車來我家時，我們很是驚喜。他烏黑的頭髮向後梳著，露出輪廓分明的臉，脖子上繫了一條漂亮的條紋領帶。

李哥哥帶我逛了靜安寺路，然後去了人氣很高的凱司令咖啡廳。我剛吃了一口栗子蛋糕，就看到姆媽宣傳冊封面上的那位「女演員」走進來。她穿過擺滿閃電泡芙、蛋白杏仁餅和奶油甜餅的玻璃櫃，走到我們桌前，並在我和李哥哥中間坐了下來。

一開始我驚得說不出話來。金玲本人比我在照片上看到的還要漂亮。我喜歡她的名字，像「金色的鈴鐺」。她笑起來有兩個酒窩，顯得

更加親切可人。從她對李哥哥撒嬌的樣子就能看出兩人正在熱戀中。她看到我有些不好意思，於是從她手袋裡拿出一根粉紅色的波點絲帶，和我玩翻花繩，然後用它給我編辮子。

在回家的路上，我問李哥哥：「下週金玲能來我們家玩嗎？」

李哥哥咬緊牙齒說：「三妹，妳要答應我，今天見到金玲的事不要告訴任何人。答應李哥哥，一個字也別跟別人說，好嗎？」

我想不通為什麼李哥哥和這麼好的人交往不能告訴其他人，但我決定為他保密。

芝潔：我讀了舅舅樹棻一些作品的片段後，逐漸瞭解家族對書籍的重視。外祖父在他的四伯父去世後，去了上海的東吳大學學法律，但畢業後的第一份工作是在商務印書館（上海最大的出版社之一）擔任編輯。

四馬路，約 1910 年。

對他而言，學術深造不難，難的是突然需要他經營數百棟住宅和商業地產。像他這樣學者轉地產商的人恐怕不多見。

外祖父名下最重要的地產是四馬路上的一個很大的地塊和附近幾條街的房產。四馬路最初叫教會路，後來改名為福州路，從外灘向西延伸，穿過公共租界，直至公共體育場（譯按：現人民廣場、人民公園一帶），全長約一英里。當地人簡稱這條路為「四馬路」。上海的商業中心南京路，被稱為大馬路，而通往南京路南側的道路則被稱為二馬路，三馬路等。

外祖父最終找到一個既能滿足他的文學藝術追求，又能興盛家族產業的方法。在 1920 年代，他憑藉個人的興趣把四馬路打造成一個文化街區，而且正好趕上了不斷壯大的中產階級不可抑制地渴望和追求文化和藝術的時機。四馬路成為中國出版業的中心，滙聚了商務印書館和中華書局等圖書公司，有數千名員工在此從事編輯、翻譯和印刷工作。在比壁櫥大不了多少的專賣店裡，顧客可以同時買到中國經典書籍和馬克思主義專著，還可以刻章或給絲綢卷軸進行裝裱。

雖然四馬路也有美國俱樂部等少數外國機構，但大多數住戶和顧客都是中國人。這裡書店、餐館、警察局無所不有，還開了一千多家商店和報攤。

對爹爹來說，書籍是連接美德和古訓的紐帶。對我們孩子來說，則是通往遙遠國度和文化的窗戶。爹爹經常在「與朋友見面」後，抱著一大堆書回家，既有中國原創作品，也有譯成中文的外國小說。我最喜歡的有《簡愛》、《安娜·卡列妮娜》和《包法利夫人》。如果父親知道這些書都是關於愛情與私通的，想必不會把這些書給我們。

儘管爹爹花很多時間伏案處理繁雜的帳務，但他很少談論自己的工

作。多年後，我才知道他幾乎不間斷地在打租金拖欠的官司。這讓我不禁懷疑，家裡書架上一排排的書，是不是租客們用來償付房租的。

說回去四馬路那天，生通陪著我和樹棻進了商務印書館。我們徑直來到漫畫區，樹棻用一週的零花錢買了最新一期的《閃電俠戈登和他的太空冒險》（Flash Gordon）。我則在尋找關於美國金髮女郎布朗迪（Blondie）與達格伍德（Dagwood）結婚的《金髮女郎》特輯。店員告訴我已經賣完了，讓我下次再去看看。

當我轉而開始看電影明星的照片時，樹棻失去興趣了。一隻小哈巴狗不知怎麼跑進店裡，弟弟從一個書架追到另一個書架，和它捉迷藏。沒過多久，我就和他一起瘋跑了起來。在生通的注視下，我們追著狗穿過商店，從遠處一角的扇拱形門跑了出去。

我們在一片陽光明媚中進入書店後面的隱秘世界，那是灰泥牆圍起的小庭院，牆簷上綠色的瓷磚像龍的脊背一樣上下起伏，有幾個人在陶瓷桌上下著象棋。外面的弄堂裡緊密排列著幾十棟石庫門住宅，一派市井氣息。

「這是什麼地方呀？」我問生通。

「呵呵，三小姐，妳讓我想起象牙塔裡的金絲雀。妳住的是帶花園洋房，怎會瞭解外面的世界？」他用拇指朝小巷指了指。「這是妳父親幾年前建的。大多數上海人一輩子都住在這樣的弄堂裡。」

生通笑著說。「妳看到那邊的牌子嗎？『崇讓里』是妳父親起的名字，意思是『崇尚謙讓』。也就他能想出這麼陽春白雪的名字。」

「那都是誰住在裡面呀，生通？」

「大多數是為了躲避外省麻煩的人。」

「什麼意思？什麼樣的麻煩要搞得人背井離鄉？」

「上海近郊很不太平，兵荒馬亂。城裡要安全多了，尤其是租界內。郊區可沒有阿三保護他們。」

生通喜歡把嚴肅的事情講成笑話。「阿三」是「紅頭阿三」的簡稱，指的是負責指揮交通和在豪華酒店開門的印度錫克教警衛。很難想像，那些舉止溫和、大腹便便，還蓄著華麗鬍子、纏著高高頭巾的阿三們，

會在面對敵人時保護我們。

　　「而且，城市裡有很多工作機會——當然妳永遠不用為這些事發愁，三小姐，」生通接著說，「妳家有那麼多外省來的傭人也是這個原因。要不是在妳家找到活計，估計也會住在這樣的弄堂裡。」

　　生通看了樹菜一眼。「到時候，這些都會是樹菜少爺的。能想像嗎？」就當時而言，我弟弟只對跟蹤那隻小哈巴狗感興趣。

　　過了一會兒，我們回到爹爹的車裡，沿著四馬路一起開回家。在四馬路的西面，我們經過一條小巷，那裡的路牌上寫著「會樂里」。巷子裡高高掛著幾十個喜慶的紅燈籠，上面寫著「香蘭」和「美珍」等名字。與周圍那些文化氛圍十足的書店相比，這條巷子顯得曖昧旖旎。

會樂里

　　樹菜的臉貼在側窗上，突然問道：「爹爹，您看，那不是李哥哥嗎？」

　　阿乾放慢車速，跟在一對手牽手的青年男女旁邊，慢慢駛出巷子。我從來沒見過有人在公共場合這樣親昵。沒錯，的確是我父母最喜歡的教子李哥哥。我已經好幾個月沒見過他了——上一次還是我們去凱司令咖啡廳的那天。當我問姆媽他為什麼那麼久不來時，她總是轉移話題。

　　樹菜在車裡叫道：「和他在一起的那個女孩是誰？」

　　我把弟弟推到一邊，想看個究竟。我正要大聲和金玲打招呼，突然想起答應李哥哥的事——聽到爹爹接下來說的話，我慶幸自己沒和她打招呼。

　　「這個不成器的東西，真是丟了他父母的臉。」父親嘟囔道。「阿乾，往前開吧。」那一刻，李哥哥正好轉頭看了一眼。當他認出是我們時，他張大了嘴巴，好像被我們撞見什麼不好的事情。

　　晚上回到鎮甯路的家，樹澄對我的所見所聞表示不屑。「對啊，李哥哥想娶那個交際花，但大人們不願意。但妳覺得爹爹和那些我們在他

抽屜裡找到的照片裡的女人在一起，就比李哥哥好嗎？就因為他不把她們帶回家？李哥哥這樣挺好的，我希望他開心！」

我不想讓大姊發現我不知道交際花是什麼意思。直到樹澄陪我去我們巷子旁邊的雜誌攤後我才弄明白。我在那裡找到了苦苦尋覓的《金髮女郎》連載漫畫，當晚就在被子底下拿著手電筒迫不及待地看到了後半夜。

金髮女郎布朗迪是一個無憂無慮的女孩，在遇到男朋友達格伍德之前，她喜歡在舞廳裡消磨時間。達格伍德是一位大亨的兒子，笨手笨腳，還曾經在自家的豪宅裡迷路。他的富豪父母非常不贊成他與「拜金的金髮女」結婚，因此剝奪他的繼承權，迫使這對年輕夫婦自己謀生。

讓我印象深刻的是，即使布朗迪成為一個郊區的家庭主婦，她的頭髮看起來仍然像法國豔后瑪麗．安東尼（Mary Antoinette）。但我腦中揮之不去的畫面是那對年輕夫婦的婚禮上，教堂裡坐滿了客人，他們說著「真可惜！」「她只是為了他的錢！」「他們永遠不會幸福！記住我的話……」

我滿心希望，李哥哥和女演員也能像布朗迪和達格伍德那樣找到幸福。

# 弄堂裡

上海最著名的是殖民時期的海派洋樓和裝飾藝術風格的公寓，但實際上，在我母親的童年時代，上海四百萬居民中大多數人都住在被稱為里弄或弄堂的小巷子裡。

十九世紀下半葉，像外高祖父這樣的中國企業家追隨外國開發商的腳步，掀起一場修建弄堂的熱潮。他們開創了一種新的住房模式，提供給鄰近省份數千名逃離太平天國起義的難民。

大部分住房都是灰磚石庫門的風格，以入口頂部的石雕門楣命名。這些建築融合英式連排房屋和傳統中式庭院的元素，即使是窄小的院子也能提供陽光、通風，遠離城市生活的喧囂。

一個大型的住宅區可能有數條錯綜複雜的弄堂和數百個居住單元。開發商將沿街的房子設為店鋪，背街的房子設為住宅。小巷裡充斥著公共設施，小作坊、報紙印刷社、私立學校混雜在一起，小販們叫賣著家庭用品並提供理髮等各種服務。

石庫門是租界內最經濟的住房，為掙扎營生的作家、藝術家和活動家們提供避難所，也是 1921 年中國共產黨成立等重要歷史事件的發生地。（芝潔）

崇讓里，外祖父修建於四馬路，一間弄堂的內院。

# 第九章
## 海報女孩

爹爹遭遇經濟損失後不久，我們就搬進鎮甯路的房子。此前，我父母住在伯父老四位於愛文義路上的房子。而親婆作為大家長，要負責撫養家中的第一個孫輩樹澄，兩人單獨住在另一棟房子裡。

爹爹用心設計我們的新家，讓全家人第一次可以住在同一屋簷下。我們一家，加上下人——管家阿四、廚子、女傭、司機、裁縫、園丁、修理工再加上每個孩子的保姆和親婆的幾個僕從，一共差不多三十人。當我得知將和大姊合住一個房間時，激動極了。我們的亭子間位於樓梯第一個轉角的一個夾層，與樓下的正廳和繁忙的廚房隔了一段距離。我們搬到一起住的時候我三歲，樹澄七歲，自那時起我們就一直形影不離。因為樹棻是男孩，而另外兩個尚未出生的妹妹分別比我小五歲和六歲，所以大部分時間都是我和樹澄待在一起。

在我們搬進新家的幾個月後，姆媽在附近的雜誌攤給我買了一張海

報，上面一對身著西式連衣裙、面帶微笑的小女孩肩並肩地站在鬱鬱蔥蔥的花園裡，她們看起來像姊妹，也可能是雙胞胎。一個穿著粉紅色的裙子，頭髮上繫著蘋果綠色的絲帶，另一個穿著蘋果綠色的裙子，戴著粉紅色的絲帶。我想，把這張海報掛在我們的臥室裡那該多完美啊。

我剛打開包裝紙要把它展開，樹澄就說：「妳一定掛在牆上的話，就掛在妳自己那邊！」

我很沮喪。她一定也注意到了，於是解釋：「這太幼稚了。而且看起來跟我也不像，我可不想每天盯著它看。」

樹澄和我一人有一張掛著蚊帳的四柱床，我把海報掛在我床後面的牆上。我特別喜歡爬上床，拉上薄薄的蚊帳把自己圍起來，在我想像中的小夥伴的陪伴下做白日夢。在夏天的幾個月裡，我喜歡躺在床上，看著太陽沿著鄰居家的屋頂升起。海報上的女孩就像我最親密的朋友，我喜歡她們總是微笑著的樣子，不像我現實中的家人們。

攝於 1937 年，背景是樹瑩家的花園。
從左至右依次為：五歲的樹棻、六歲的我、一歲的樹荃和十歲的樹澄（穿著她常穿的旗袍）。

樹澄很愛護我，但也喜歡管著我，不是出於惡意，她就是這樣的人。對她來說，一切都是非黑即白，沒有優柔寡斷和中庸之道的餘地。我覺得樹澄的霸道是因為我們的出生順序和年齡差異。我的二姊在蹣跚學步時就生病夭折了，所以我是緊跟在樹澄後面的孩子。雖然我們倆同住一個房間，但有時我們就像在不同的世界裡長大。作為家中的三女兒，我沒有樹澄作為長女的壓力，也不用承擔樹棻作為家中獨子的責任。

　　親婆離開爺爺多年，在我們家有著不可置疑的權威。我不確定姆媽是否介意失去對孩子的撫養權權，不過即使有再多不滿也無濟於事。爹爹根深柢固的儒家孝道觀念使他永遠不會忤逆自己的母親。

　　我和妹妹們過著無憂無慮的生活，幾乎沒有父母的管束，而樹澄則在親婆的嚴格監護下度過她最初的七年。親婆依據佛教給出解釋說，如果一味的享受生活，就會用盡福報，最後只剩下痛苦。與其這樣，不如在年輕時厲行節制。因此，她用這種方式撫養樹澄和樹棻兩個孫輩長大。

　　這甚至影響我們的穿著。我和妹妹們穿的是姆媽買的西式荷葉邊連衣裙，而樹澄穿的則是我們的裁縫用親婆長袍的邊角料做的旗袍，長及腳踝，面料粗硬，袖子過肘，限制一切孩子們認為有趣的活動。樹澄穿著就像一個小老太。

　　上海是個時尚的都市，而樹澄又在最好的私立學校上學，可想而知有多窘迫。永安百貨〔上海版的尼曼・馬庫斯（Neiman Marcus）百貨〕家的郭氏七姊妹每天早上到校時，都穿著歐洲進口的時髦小禮服，配上珠寶裝飾的髮卡、精心搭配的鞋子和毛皮衣領。

　　樹澄平時只能穿親婆喜歡的顏色：深藍、棕色和灰色。十二歲那年，有個姆媽的朋友請她做伴娘，她高興得不得了。為了搭配新娘的禮服，伴娘裙用的是桃色綢緞配花邊裝飾。那幾個星期，樹澄盡情地放縱自己，著迷地翻閱著新娘寄來的精美設計草圖。

　　姆媽帶著樹澄去試衣服的日子終於到來。我充滿好奇地跟在後面。當我們穿過華懋飯店的拱形廊柱，推開加內特（Garnett）時裝店的玻璃門時，大姊的眼中閃爍著興奮的光芒。新娘和她的母親已經到場，另外還有兩個伴娘。加內特是上海最好的時裝店，店主加內特夫人是一個流

亡上海的俄國人，曾在法國學習時裝設計，是我見過最優雅的外國女人。

　　這家精品服裝店的內飾像一個首飾盒，有著鍍金的飾邊和銀色的錦緞裝飾。當上海最著名的女明星胡蝶，穿著一件金色的貂皮大衣從前門大步走進來時，樹澄倒吸一口氣。就在前一天，我和樹澄還花了一下午的時間為我們電影明星影集裡這位女演員的照片上色呢。她目光銳利，笑起來像少女般甜美，被兩萬多名報紙讀者選為中國第一個影后。

　　試衣間裡擺放著豪華的天鵝絨座椅，能容下一群隨從觀看和協助。

宣傳海報上的胡蝶

新娘、新娘的母親、姆媽、樹澄、我，還有加內特夫人魚貫而入，坐了下來。

　　樹澄不得不脫下她的棕色旗袍，為此她羞愧不已。更糟糕的是，在場所有女性都會看到她那件奇特的拼接毛線內衣。親婆從來不浪費任何東西，這件內衣是她讓女傭用家裡剩下的毛線織的。女傭從邊角料籃裡抓到什麼毛線就用什麼毛線，導致每塊拼接部分的大小、顏色和質地都不一樣。

　　正當樹澄羞紅著臉，難堪到極點的時候，一個售貨員打開試衣間的門，胡蝶從對面的房間裡走了出來。這位影后穿著加內特夫人最新、最華麗的作品，當她看到對面的女孩穿著這樣寒磣的內衣時，不由得用一隻修剪整齊的纖手捂住嘴，不讓自己笑出聲來。

　　婚禮在幾週後順利舉行，但在加內特服裝店經歷的屈辱肯定影響樹澄當伴娘的喜悅心情，因為她後來幾乎再沒有提起過這件事。

一個夏天的傍晚，我們剛吃完晚飯，一陣茉莉花香就飄進屋內。我和傭人們一起坐在廚房外面的籐椅上閒聊，享受著微風。蟬鳴伴著梧桐樹葉的沙沙聲不絕於耳，螢火蟲在灌木叢上飛舞，如繁星閃爍。

我們家的傭人們大多來自父母的老家常熟。他們基於各自分工和服務年限論資排輩。這麼多人住在一個屋簷下，必然有很多故事，其中有一些是當時的我所無法完全理解的。

大家稱我的保姆為「三奶媽」，即三女兒的保姆。在我出生之前她剛生了孩子，就把丈夫和孩子留在常熟，來上海照顧我。上海的工資比農村高，所以這種情況在當時是很普遍。

在我出生後的七年裡，每天起床一睜眼和睡覺閉眼前看到的都是三奶媽那張親切的臉。在富人家，日常育兒的責任全由保姆承擔。三奶媽和她紅潤的臉頰、豐滿的嘴唇、無限的善良，是我生活中恒常不變的景象。每當我早晨醒不過來鬧起床氣時（上海人稱之為「被頭瘋」），三奶媽總是很有耐心，緩慢輕柔地幫我梳理頭髮讓我平靜下來。

一天下午，我因為肚子疼提前從學校回來，卻沒看到三奶媽在樓下迎接我。管家阿四打開前門讓我進來時也吃了一驚。「我幫妳找她，三小姐。」他安慰道。「妳先上樓去，她馬上就來。」

到了樓梯口，我推開亭子間的門，睜大眼睛看見我們的一個廚子阿興和三奶媽正坐在我的床尾。我們很少在廚房以外的地方看到廚子，更不要說在臥室裡了。幾年前，阿興和他做清潔工的妻子一起來到我們家。一年前，他妻子回老家生孩子，還沒回來復工。我很喜歡阿興，即使在廚子們忙得團團轉的時候，阿興也總能擠出時間和我聊天，或者給我布置點小任務。前一個星期，他讓我幫忙從大米箱裡揀米蟲，我高興地玩了好幾個小時。

阿興和三奶媽在臥室裡，好像在認真地討論著什麼。阿興眉頭緊皺，一點不像平日開朗的模樣。而保姆的眼睛又紅又腫，好像哭過似的。

三奶媽看到我，突然站了起來。「三小姐，妳怎麼這麼早回來？妳還好吧？」她把手放在我的頭上，把一縷頭髮輕輕拂到我的耳後。「三小姐，妳不要告訴別人妳在這裡看見阿興。千萬不要。妳能答應三奶媽

嗎？」

　　我當然願意為三奶媽做任何事。但我還沒來得及回答，亭子間的門就被打開了，阿四走了進來，隨後事態迅速升級。

　　作為管家，阿四幾乎掌管著家裡的每一個人、每一件事。他沉著鎮定、做事積極主動，總能讓我們安心。即使是再小的細節也難逃他的法眼。一進來，他就用眼睛掃視整個房間，然後拉了拉長衫的白領子，怒氣衝衝地對傭人說：「妳們兩個都去廚房解釋一下。對不起，三小姐，三奶媽不能照顧妳了。我會安排另一個保姆來幫忙。」

　　那天晚上一直不見三奶媽的蹤影，我開始擔心起來。除了偶爾休息的日子外，她從未離開過很長時間。我是不是給她帶來麻煩了？晚飯後，樹澄用一種神秘的口吻對我說：「三奶媽有大麻煩了。阿四剛才在書房裡和爹爹說阿興和三奶媽睡覺，有了孩子。所以她才這麼胖——孩子在她肚子裡長大了。」

　　這讓我困惑不已。如果三奶媽和阿興都已經和他們各自的伴侶生了孩子，他倆怎麼還能生小孩呢？像往常一樣，樹澄說的話我不能完全理解，但我不好意思承認。那天，我擔心了一整夜。

　　第二天早上，三奶媽來到我床邊時，我詫異地發現她在哭。

　　「三奶媽，妳怎麼啦？妳說過大人不會哭的。」

　　「我今天就要回常熟老家了。」她低聲說，抽泣的聲音讓我耳朵發癢。

　　「什麼意思？妳不是說妳會一直在我身邊，哪怕我長大結婚也會跟著我的嗎？那妳什麼時候回來？」

　　「我不能回來了……我快要生孩子了。」

　　「那誰每天早上來叫醒我，幫我洗澡呢？誰走路送我去學校呢？」

　　她輕柔地撫摸著我的頭髮，靜靜地和我坐著。「三小姐，妳要像海報上的小朋友一樣開心。努力忘記三奶媽吧。」

　　後來，我連哭了幾個晚上，一方面是想念三奶媽，另一方面是為即將從常熟到來的新保姆感到緊張。我剛開始學英語，因為我的新保姆在她家排行老二，所以我叫她「二二」。

搬進新房子後，樹澄仍然穿著旗袍，不過偶爾獲准穿洋裝。我們全家住到一起後，親婆將節儉之道轉向兩歲的樹棻。幾年後，他被中西女中的附屬小學錄取時，親婆像當年管束樹澄的穿著一樣，也開始管束他的穿著。中西女中的男生與女生一樣都來自上海的上層家庭，穿考究的西式服裝去上學。樹棻是唯一一個剃著平頭的學生，他夏天穿粗布長衫，冬天穿法蘭絨長袍，裡面穿鬆鬆垮垮的棉毛褲，腳上再踩一雙黑色粗布鞋。他常常被人叫土老頭，為此還曾同時和三四個男孩打架。

有好幾次，樹棻放學回家，衣服被扯得破破爛爛，有時還沾著血，補都補不好。每當這種情況發生，親婆都會親自拿竹柄的雞毛撢子打他。為此傭人們特地留了一把專用的撢子，竹柄用舊了再定期更換。

親婆如此努力地管教孫輩，但效果卻差強人意。樹棻上中學期間六次被開除，而樹澄的禮儀課成績一直是丁。

1930 年代中國開始發生一些令人不安的變化，但都沒有影響到我們家。即使有，我也沒有察覺到。我的兄弟姊妹們可能未必同意，但至少我的記憶裡都是無憂無慮的日子。我們家的柵欄過濾了我童年的許多經歷。白天的時候，我會透過柵欄仔細觀察鎮寧路上都有誰經過。柵欄內，一縷縷晨光灑在沾滿露水的草地上。柵欄外，外出一天的我總要透過柵欄看看爹爹書房的燈光是否還亮著。

下午，小販們興高采烈的叫賣聲從敞開的窗戶飄進來：「剛出爐的烤銀杏噢，又香又軟噢！」而賣餛飩的小販高亢的嗓音和一碗碗熱氣騰騰的透明小餛飩總能激起我們的食欲。

小販們別出心裁地把小廚房搬到城市的各個角落。有的小販設計出精妙的裝置，把廚房一股腦兒全挑肩上，既有用來煮或烤的小煤爐，也有存放原料的小櫥櫃和抽屜，還能裝上鍋碗瓢盆和

各種器具──總之包含了做出垂涎欲滴的美食所需要的一切。

一個和熙的春日，一個小販扛著一根竹扁擔，一顛一顛地挑著兩個竹籃來到我們家門口。一群嘰嘰喳喳、毛茸茸的黃色小雞崽在籃子裡跳來跳去。我們選了五隻買回來養，代表我們五個孩子。它們在院子裡你追我跑，互相滾成一團，爭先恐後來到我們跟前。時間久了，我和樹澄還學會透過觀察它們的個性來辨別它們。

當時，上海最著名的商場是「四大百貨」──永安、先施、新新和大新。但我最初的購物體驗就在家門口：我們最喜歡的「叮咚擔」會直接挑到花園裡。擔子裡面堆滿亮閃閃的小玩意兒、鑲嵌著五彩寶石的戒指和像軟糖一樣晃來晃去的耳環。我胖胖的小手怎麼也把玩不夠。

在學校，每個人都試圖模仿秀蘭・鄧波兒的卷髮。為此，樹澄和我會在睡覺前把長長的棉布條卷在頭髮卷上。看完《綠野仙蹤》後，我又用叮咚擔上買來的絲帶和小飾品模仿茱蒂・嘉蘭（Judy Garland）的編髮造型。

爹爹不喜歡我們玩些尋常的玩具，他更希望我們去讀書或做些有意義的活動，比如在春天養蠶。樹澄常常嘲笑我幼稚，總是玩小女孩的遊戲，但她卻很喜歡幫著我養蠶。我們會先在鞋盒上戳些氣孔，再在裡面鋪上碎報紙，最後撒上幾十粒芝麻大小的蠶卵。

一週後，我們會目不轉睛地盯著它們，生怕錯過黑色幼蟲破殼而出的那一刻。每當我揭開盒蓋，蠶寶寶都會抬起頭來，扭動著腦袋，期待著它們的下一頓美餐。

我的蠶寶寶一刻不停地進食，我每天至少要餵三次桑葉，而它們幾分鐘就可以把一大片桑葉咬到只剩光禿禿的葉脈。

雖然上海到處都種著桑樹，但爹爹很迷信，認為桑和「喪」同音，因此不讓我們在花園裡種。

樹瑩的綠野仙蹤髮型

也許爹爹覺得養蠶可以教會我們承擔責任和一些經濟學的道理。我不得不花很多時間找家裡有桑樹的同學要桑葉，並把我最好的漫畫書和電影明星照片送給他們作為交換，代價頗為高昂。蠶寶寶們貪得無厭的胃口常常讓我處於討價還價的弱勢一方。

隨著蠶寶寶們越長越大，它們咀嚼桑葉的聲音也越來越響，夜深人靜的時候都能聽到沙沙聲。這些長著黑色小刺毛的幼蟲在成長過程中要經歷五次蛻變，像小士兵換下舊制服一樣，每次都變得更光滑、更豐滿。等長到我的手指那麼大，表皮變得透明緊繃的時候，就會開始吐絲結繭。蠶繭閃耀著棉花糖般的色彩，有乳白色、淡黃色和暗桃色，預告著蠶絲的顏色。

蠶蟲一連幾天不停地繞著「8」字吐絲，直到完全被包裹在繭中。付出這麼多艱辛努力，最終成果卻其貌不揚——與其說是大自然的奇跡，不如說更像一顆焯過的花生米。但不管怎麼說，這些小小生物的專注和勤奮都令人驚歎。

為了不讓蛾子破繭而出毀了蠶絲，我們把蠶繭交給廚子放入水中煮透。我很不忍心看自己精心養育的蠶寶寶落得如此下場。之後，我和兄弟姊妹們把絲線解開，纏繞在一支鉛筆上，拉直能有一英里長。雖然我們費了不少力氣，但印象中從沒用那些閃閃發光的絲線做過什麼。

不過，我們還是留下幾個最大的蠶繭沒投進鍋裡。那些蒼白肥胖的蛾子注定無法飛翔，從蠶繭中出來後就進行交配，每隻雌蛾能產下幾百粒蠶籽。最終所有的蛾子都會在一兩天內死去，而我們則有了充足的蠶

籽留給下一個養蠶季節。

在學校，老師告訴我們，蠶一個月內就能長到原來的一萬倍大。另外，做一件衣服需要一磅生絲，而一磅生絲需要二百磅桑葉。

怪不得我這個愛好需要付出這麼多的努力。

我八歲左右的時候，日軍佔領上海。很多東西開始出現短缺，包括食物。爹爹要求全家人共度難關：不管主僕，無論輩份和職位高低，都吃同樣的食物。只有親婆能吃得稍好一些。

早上，我還是吃一碗熱騰騰的粥，但配菜是花生米，而不是我更喜歡的肉鬆或蝦米。不過，廚子們能把最簡單的食材做得美味可口，比如涼拌西瓜皮、萵苣或筍片。

奶媽二二用一句常熟俗語安慰我：「白吃白壯，養個兒子開典當。」在那個困難的年代，當鋪是為數不多的賺錢的行當。

1945 年，第二次世界大戰和抗戰勝利時，樹澄十八歲，在上海最好的聖約翰大學走讀。她十幾歲的時候，重新愛上旗袍，只不過是更漂亮、更合身、更時興的款式。樹澄告別了童年的粗布衣裳和拼接內衣，換上時髦的現代造型，與當時流行的裝飾藝術風格完美契合。她的原創設計為她贏得聖約翰大學最佳著裝的稱號。

儘管物資短缺，樹澄還是花了很多時間尋找有趣的布料來製作獨一無二的服裝，這很考驗耐心和才智。當時的貨幣狀況很混亂，我們小時候使用的主要貨幣是上海鑄的銀元，但由於通貨膨脹逐漸失控，越來越多的人開始青睞美元、白銀和黃金。

一天，樹澄出去買鞋。她選好鞋回家，從父親那裡拿了一個裝滿現金的小箱子。第二天，她提著箱子去商店付款時，價格已經翻了一倍。等又過了一天，樹澄帶著更大的一箱鈔票去的時候，店主堅決不賣這雙鞋。理由是，他沒錢進新的貨，把這雙鞋賣了，他就沒東西可展示了。

樹澄年輕的時候有許多愛慕者。幾十年後，我遇到一位她當年的追求者，他回憶起自己在大學時對她的迷戀：「我到妳們家的巷子，準備帶樹澄去看電影。當時我正在讀莎翁的《羅密歐與茱麗葉》，腦海裡浮現出一個浪漫的畫面：她出現在妳們臥室的陽台上，深情地等待著我。

但當我抬起頭，看到的卻是妳，像個小胖猴一樣，在那兒跳上跳下，而樹澄則像《時尚》（Vogue）雜誌裡的模特一樣出現在妳身後。她朝我喊道：「這是我三妹。她很煩人的，你可別理她。招呼也不要打，否則她會纏上你的！」

雖然小時候我常常惹惱樹澄，但長大成人後，我們卻能很好地互補。在 1949 年共產黨接管上海之初，我們是家中唯二離開上海的孩子。我們也是唯二為自己取英文名的，因為弟弟妹妹們都留在中國，只用中文名。

樹澄和樹棻在後來的生活中都表現出不守常規、甚至爭強好鬥的性格。直到今天，我都不知道這究竟是因為他們天生如此，還是由於親婆的管教所致。

樹瑩展示花園裡美麗的大麗花

# 豆腐之道

　　爹爹不喜歡我進廚房，因為他認為我將來肯定會嫁得很好，總會有自己的家丁傭人。但我喜歡偷偷溜進廚房去看廚子剝豌豆殼、用荷葉包糯米或者把南瓜雕成菊花，也慢慢瞭解，為了烹製我最喜愛的菜肴需要付出多少時間和精力。

　　印象中，我從來沒在廚房裡見到過我的父母。烹飪，就像撫養孩子一樣，是不用自己插手的：知道自己想要什麼，然後把專業的事交給專業的人。在 1937 年日本佔領之前，我們有一個中餐廚子和一個西餐廚子，他倆各自還有幾個助手。廚房裡有不插電的冰箱，專門從弄堂攤位上買冰塊放進去保溫。夏天的時候，廚子們會把西瓜等大顆的水果放進木桶，再送入花園水井裡冰著。

　　上海人受江浙菜的影響，喜歡甜、鹹、酸的混合口味。上海的招牌紅燒菜肴講究濃油赤醬，即將醬油、醋、少許糖和少許紹興黃酒混合在一起，燒出油亮偏紅的色澤。

　　許多上海菜都是一小碟、兩三口，就能讓你品嘗出各種味道和質地雜糅的口感，例如半透明面皮包裹的豬肉餡小籠包，一口咬下去，湯汁四溢，還有小小的、圓圓的，底部煎至金黃酥脆的生煎包。

　　與其他飲食文化相比，上海人更樂於開發豆腐的各式各樣吃法，能有上百種。豆腐經豆漿濃縮凝固而成，或製成塊或壓成片，有纖薄柔軟的豆腐皮，也有油炸、風乾和冷凍等其他不同形式。例如，「百葉結」是打成結的薄豆腐片，而乾絲則是切成細絲的豆腐乾。

生煎包

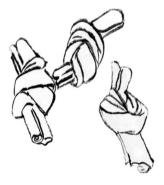

百葉結

乾絲

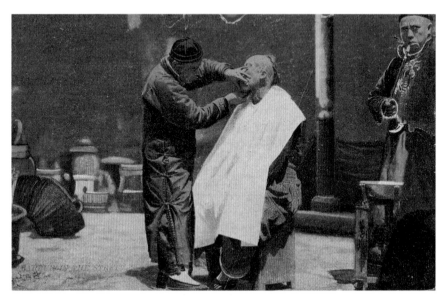

或許就是這樣的街頭郎中，替爺爺拔掉那顆開裂的牙齒？
另外，在這張明信片中，右邊的男子似乎在抽鴉片煙。

# 第十章
## 綁架疑雲

　　如果老七爺爺是一隻貓，那麼他的九條命或許可以這麼歸納——從作為第七個兒子出生到晚年，依次為：

敗家子
詐騙犯
被軟禁者
情場浪子
分居丈夫
繼承人
企業家
被綁架的人質
吝嗇鬼

爺爺與老四從香港上海滙豐銀行偷走太爺爺的錢財後，被軟禁在家。在太爺爺監視下，他度過一段相對平靜的生活，並感受到解脫。不再和揮霍無度的老四一起追求刺激和冒險後，他的生活變得十分簡單。

人到中年時，爺爺發生了不可思議的轉變。他於 1910 年代移居上海，不僅擴大太爺爺的地產、銀行和航運業務，還在上海和其他四座城市建造旅館，闖出自己的一番事業。到了四十多歲，他靠自己的打拚成為富甲一方且受人尊敬的企業家，但誰也沒想到，他竟然變成一個出奇節儉，甚至極端吝嗇的人。

爺爺節儉到了近乎可笑的程度。他只在街邊小店吃飯，有一次為了嚼一根未煮熟的麵條把牙齒給咬斷了。為了省錢，他沒去正規的牙醫，而是找了一個街頭郎中拔掉那顆斷裂的門牙，連麻醉也沒打。於是，爺爺嘴裡留下一個豁口，形成他那標誌性的微笑。

爺爺也不光是忙生意。儘管他在其他方面有所改變，但對異性的喜好卻沒有絲毫減退。在那個年代，有錢人可以像收集名車一樣隨意娶姨太太，也可以把女人當成禮物送給朋友，或者用她換取別的女人。爺爺有五位公開的姨太太，還有眾多情人。親婆，他的第一任也是唯一合法的妻子，因為他的不忠早已斷絕來往，於是他更加自在地享受年輕女性的陪伴。

他身材矮小，皮膚黝黑，臉上掛著玩世不恭的微笑，一雙大眼睛閃閃發光。他總是穿著長衫，通常是一件棕色長袍，罩上清朝宮廷樣式的黑色絲綢馬褂，最後再戴上一頂鑲著圓形玉珠的黑色瓜皮帽作為點綴。

爺爺為人很是客氣，即和善又禮貌。他似乎真心高興見到我們，總是熱情地點頭打招呼——「妹妹，妹妹，妳好，妳好！」「妳好，小姑娘！」但這種熱情轉瞬即逝。他待我們很親切，但同時又很疏遠，從不會費神責罵或稱讚我們。

爺爺喜歡吃粽子糖，一種由松子和焦糖製成的硬糖。他會把糖放嘴裡含一會兒，然後再吐到一隻圓形鐵盒裡，留著以後再吃。因為他缺了一顆牙，嚼不了硬的東西，所以這樣吃他覺得既實用又節儉。他偶爾還會請孩子們吃粽子糖，把圓形鐵盒送到我們鼻子底下，讓我們近距離觀

察。裡面有幾顆從嘴裡吐出來、變乾，又放回嘴裡、再變乾的糖果，夾在還沒吃過的糖果中間。「妹妹，來，吃一顆粽子糖。很好吃的，又香又甜，爺爺最喜歡了……」（他最喜歡的是糖果，不是我。他和孫輩們的關係還沒好到知道自己最喜歡誰的程度。）

我們的反應都是尷尬又不失禮貌地小聲回答：「不用了，謝謝爺爺。看起來很好吃，但我午飯吃得太飽了。」等他走到聽不見的地方時，我們才爆發出一陣咯咯的笑聲。

爺爺的產業中最為人所知的是惠中旅館，它位於黃浦區三馬路和湖北路繁忙的十字路口，距離國際化大都市的象徵——外灘不遠，距離爹爹四馬路租賃地產上的繁華書店和學者商店只隔一個街區。1920 年代，爺爺從爹爹那裡租下這片土地，興建這家旅館，並獲得英國殖民當局頒發的許可證。

在全盛時期，擁有一百間客房的惠中旅館是當時上海最現代的建築之一。它的大堂裝潢得宏偉而奇特，大膽地融合希臘圓柱、摩洛哥馬賽克和西班牙風格的巴洛克傢俱等多種西方元素，但工作人員和客人幾乎都是中國人。

照規矩，我弟弟和堂兄弟們要定期去惠中旅館向爺爺，也就是我們家族的族長請安。我和姊妹們有時也會去，但不用那麼頻繁。我最早的記憶之一是我三、四歲時的一次拜訪。習慣了爹爹樸素中式傢俱的我，忍不住坐到旅館大堂華麗的雕花沙發上。鼓鼓囊囊的紫色天鵝絨坐墊太厚了，我一坐上去就陷了進去，在柔軟的坐墊上此起彼伏，根本站不起來。樹棻和樹澄分別抓住我的一隻胳膊才把我拉上來。

惠中旅館共有五層樓，是上海最早安裝電梯的建築之一。我們特別喜歡站在電梯轎廂裡面上上下下，看著穿制服的電梯員使勁關上黃銅的推拉門，再用英語和上海話分別通報各個樓層。

爺爺有一間寬敞的套房，佔了頂樓的大部分空間，高高的鍍金天花板上不協調地掛著幾十條火腿。朋友們把火腿送給爺爺，但他捨不得吃，結果火腿越掛越多。在樓的週邊還有一圈寬闊露台，樹棻和堂兄弟們經常在那裡跑來跑去，在沒有大人管的情況下瘋狂嬉戲。

爺爺作息很規律，他每天都在同一時間起床，然後十二點整離開套房去吃午飯。他固定的作息固然令人安心，但也成為他的弱點。

1938 年夏天的一天，爹爹到惠中旅館店對面的一家中餐廳吃午飯。他讓司機阿乾把別克車停在惠中旅館的院子裡，自己步行過去。

同一時間，爺爺正準備坐頂層的電梯下樓，幾乎沒有注意兩個看似闊綽住客的人和他一同進入電梯。戴著白帽的電梯員低頭轉動手柄至大堂的樓層，隨後旅館的工作人員看到兩名陌生男子陪同爺爺一起經過前台，走出旅館大門。但他們沒有看到的是，這兩個人正從風衣裡拿槍指著爺爺。

原來，這兩個綁匪幾天來一直在進行嚴密的謀劃，研究爺爺的作息規律。他們命令爺爺上了爹爹的車，用槍指著司機阿乾的頭，示意他開車駛離。

等爹爹吃完午飯，驚訝地發現別克車已經不在惠中旅館了。一名搬運工說他看到爺爺和兩名看似是生意夥伴的人一起把車開走了。他當時感覺很奇怪，因為爺爺自己的車在院子的另一邊，而且他的司機正在車裡等他。

幾個小時後，一名英國警員來到惠中旅館，向爹爹報告說別克汽車被遺棄在城西邊的哥倫比亞路上。幸運的是，他們在裡面找到我們的司機阿乾，他被打昏過去，但還活著。阿乾很快就康復了。綁匪還在車後座上留下了一封信，信中要求我們準備爺爺的贖金，但沒有說明具體的金額。

我當時剛剛上三年級，還沒聽說過「綁票」這個詞，也沒法從字面上推斷出它的意思。家人們眉頭緊鎖，一言不發，沒有人告訴我發生了什麼。我只知道爺爺被陌生人綁架了，但對細節一概不知。那晚我睡得很不踏實，夢見我可愛的爺爺身上綁著一圈又一圈、又粗又長的髒繩子。

幾個星期過去了，還是沒有人知道爺爺在哪兒。好幾份報紙報導這起綁架案，傭人們壓低聲音竊竊私語，學校的同學們嚴肅地看著我，都讓我感到很不自在。

過了好多年，我才得知爺爺被綁架的來龍去脈。一開始，爹爹與綁

架者們的談判沒有太多進展，他們要求的贖金實在高得離譜。因為擔心警方介入會導致撕票，爹爹沒有聯繫警察當局。在 1930 年代的上海，面對綁架最好的辦法是向黑社會求助。爹爹沒辦法，只能去拜訪上海最著名的黑幫頭目——臭名昭著的青幫大佬黃金榮（黃麻子）和杜月笙（杜大耳朵）。

青幫團夥有數萬幫眾，滲透了上海黑社會的各個層面：鴉片貿易、嫖娼、賭博和敲詐勒索，無所不至。不僅如此，因臉上有天花疤痕而人稱「黃麻子」的黃金榮還擔任著法租界巡捕房警務處的督察長，為經營非法業務、行使有組織犯罪提供完美的掩護，呈現了政府高層的腐敗。

杜月笙和黃金榮把爹爹介紹給另一位黑幫大佬張嘯林。張嘯林人稱「枇杷張」，據說為人深不可測。人們把他的面孔比作一片枇杷葉，一面光滑油亮，另一面多毛粗糙——形容他的性情暴戾、兩面三刀。經過一個月的失敗談判，爹爹已別無選擇。

身為讀書人的父親就這樣出人意料地與上海最殘忍的黑幫團夥展開合作。關於爺爺贖金的談判持續了兩個多月。經過幾輪討價還價，枇杷張和綁匪終於談妥，於是爹爹便派他最信任的兩個助手到上海郊外的河邊，用兩個箱子贖回了已經餓得營養不良的爺爺。箱子裡裝著雙方商定的贖金——重達一百多磅、價值十多萬美元的金錠。這在當時是一筆巨大的數目，大多數人一輩子都見不到。當然，這還不包括爹爹欠黑幫的酬金。

爺爺被釋放的那天，管家阿四把全家人召集到書房，除了留在樓上念經的親婆。爺爺坐在一把直背的紫檀椅上，身邊站著爹爹。看到爺爺身上並沒有如同我想像的那樣留下勒痕，我終於鬆了口氣。

爹爹對我們說：「爺爺想讓你們都知道，綁匪把他關在一間鄉下的農房裡，但沒有傷害他。如你們所見，他消瘦了不少，但並無他恙。」爺爺看起來確實瘦了很多，他臉頰凹陷，長出了我以前沒有注意過的灰白鬍子。他點了點頭，勉強地對我們笑了一下，露出他牙齒中間那個熟悉的豁口。

「爺爺需要靜養，在他回惠中旅館之前，要和我們住一段時間。」

爹爹清了清嗓子。「四婆婆也會和我們住在一起。」

　　他的小妾四婆婆站在爺爺身後。她的頭低低地垂著，除了她戴著的珍珠耳環和盤在腦後的髮髻，我看不清她的容貌。我心中默想是不是因為她，親婆才沒有下樓。這下有趣了。

　　樹澄和我搬到妹妹們的臥室，這樣爺爺和四婆婆就可以住在我們的亭子間。傭人們說，爺爺認識四婆婆的時候，她還是一個青樓裡的歌女。到了晚年，他前三位姨太太都去世了，五姨太也棄他而去。四婆婆雖不是大美人，但她性情溫和，是爺爺晚年唯一陪在他身邊的。

　　二十六年前，親婆在毅然離開爺爺之後，便一直由她掌管我們家。在那個年代，妻子和小妾住在一起甚至結為朋友都很常見，但我們從來沒有見過分居的爺爺和親婆住在一起，更不用說見到他倆和姨太太一起坐在八仙桌上了。爺爺遭遇綁架後，和他們一起吃飯給我們小孩子帶來了意想不到的樂趣。

　　爺爺和他的小妾經常比我們晚到餐桌。他不像以前那樣熱情地和我們孩子們打招呼，而是窘迫地向親婆低聲致意。「太太，太太，妳好。」說著，他眼睛低垂，雙唇緊閉，藏起他缺了的那顆門牙。

　　親婆完全不理他，彷彿這個風流的丈夫根本不存在。我們吃飯的時候，她一言不發，偶爾對爹爹或姆媽說幾句簡短的話，眼睛像無情的冰錐一樣刺穿兩位倒楣的訪客。她慢條斯理地吃著素菜，彷彿在宣布她，而且只有她，才是這個家的統治者。

　　爺爺被綁架期間消瘦了許多，而且變得愈發節制。此前一年，蔣介石的國民黨政府向日本人宣戰，隨後日軍佔領了中國東部的大部分地區，導致糧食供應中斷。因此與先前相比，我們的飯菜已算簡單。儘管如此，爺爺還是一再地說飯菜太精緻、太奢侈、太浪費。爹爹支付的巨額贖金令他震驚，他發誓要更加節儉來彌補。我們想像不出他還能怎麼節儉。

　　家裡每個人都勒緊了褲腰帶。隨著汽油價格的飆升，我們放棄了開別克，轉而使用三輪車作為日常交通工具。爹爹和一位三輪車夫約定每天固定時間來我們家。

幾個月後，爺爺搬回了惠中旅館，我和樹澄也回到了我們的亭子間，不得不說，感覺如釋重負。雖然我對他並無惡意，但他的到來還是打亂了我們家的日常。

這一時期，對熟人和公眾人物的綁架越來越常見。爹爹的一位朋友打趣道：「如果你沒有被綁架過，那你一定混得不怎麼樣。」爺爺被綁架幾年後，爹爹還收到過針對樹棻的綁架信。這一次，是姆媽解決了問題。她請她的朋友，黃金榮的兒媳出面干涉。此時黃金榮已經辭去了法租界巡捕房的職務，但想必影響力猶存，因為此後我們再也沒有受到過威脅。

在這方面，我們家是幸運的。對許多家庭來說，綁架都以悲劇告終。其中一個例子是我的一位追求者的父親。那個男孩曾在我高中最後一年帶我騎他的哈雷摩托車。他的家人與綁匪談判了幾個星期，但在即將達成協議的時候，出了嚴重的問題，導致他父親被撕票。

爺爺視姨太太們為他的軟肋，尤其對五婆婆百般寵愛。五婆婆漂亮潑辣，曾經是上海會樂里的當紅舞女。爺爺納她為小妾之後，照理說她不應再和他人交往，結果她與一位著名的說書人發生不正當的關係。說書人的妻子怒不可遏，在惠中旅館的大廳羞辱了爺爺和五婆婆，在他們走出電梯時破口大罵。出於對五婆婆的愛，他最終原諒她對他所造成的公開羞辱。

不受約束的五婆婆後來又搭上爺爺的已婚司機，並帶著她全部的金銀細軟和美國債券與他私奔。結果，司機和妻子合謀偷走五婆婆的貴重物品，還向爺爺敲詐勒索。爺爺付清了司機的錢，並又一次原諒了他心愛的小妾。

最後，為「報答」爺爺的寬容，五婆婆請了上海最有名的英國律師，向爺爺起訴離婚，並聲稱她是爺爺的合法配偶，有權分割財產。作為上海法院從未有過的先例，此案一連幾個月每天都登上報紙頭條。最後爺爺賠了一大筆錢，由五婆婆和她的律師平分。此一和解被視為當時對妾室地位實質性的認可，某種程度上也可以說是那個時代女性在法律上的勝利。

五婆婆可能是一路笑著前往銀行。但在離開爺爺之後，她交往多位情人，過著奢靡的生活，直到因吸食鴉片破產。此時，她只有一個地方可去。

親婆依然是爺爺的法定妻子。當她收留五婆婆時，大家都驚詫不已。親婆允許她住進我們在鎮甯路的家，條件是她要戒除鴉片煙癮，而她居然也做到了。在爹爹的經濟支持下，五婆婆陪伴了親婆多年。而爹爹一直供養他父親任性的前姨太太，直到她去世。

男人的第一任正妻必須出身良好，以延續家族血脈，而小妾和情人卻可以是不折不扣的娼妓，這是一種奇怪但合乎邏輯的道德準則。至少在親婆的飯桌之外，當時的社會是認可五婆婆作為爺爺小妾的身分的。然而，他們卻不能接受李哥哥娶可愛的交際花金玲為妻。親婆的一生充滿曲折和矛盾。在佛教修行中，她沉靜順從，但對待他人，卻頗為苛刻專橫。她對姆媽、樹澄和樹棻很嚴苛，卻赦免一位離間她丈夫的小妾。她成長於腐朽的清朝末年，卻在少女時代就敢於反抗纏足的陋習。她一生中所做的一切，無論好壞，幾乎都是為了維護和延續她的家族。

也許親婆是領先於她那個時代的女權主義者。

親婆為倔強的小妾提供庇護，卻始終無法原諒她的丈夫。1950 年，當爺爺去世時，他和親婆已分開近四十年。一位親戚問她：「老太太，老太爺過世了您難過嗎？」她回答：「一點也不，我們從來都是陌路人。」

芝潔：儘管在母親的成長過程中，中國一直處於政治動盪之中，但她的家中沒有人談論政治。1921 年，中國共產黨在上海成立，初期曾與國民黨合作，但隨著對國家領導權爭奪的加劇，雙方關係逐漸對立。

籌集軍費並擊敗政敵需要大量資金。在一個缺乏法治和市民救助的城市裡，綁架是一種簡單快速的來錢方式。國民黨領導人蔣介石與青幫

Rates : $0.70-2.00

TUNG-YIH HOTEL;
344-6 Pakhoi Rd., Tel. 12346
Rates : $0.50-1.80    C.   19-C

統　一　旅　社
北海路三四六號電話一二三
房金五角至一元八

WEI-CHUNG HOTEL;
50 Hankow Rd., Tel. 66864
Rates : $0.45-1.70    C.   11-G

惠　中　旅　社
漢口路五十號　電話六六八
房金四角五分至一元七角

WEI-TUNG HOTEL;
24 Yunnan Rd., Tel. 18987
Rates : $0.40-1.80    C.   19-C

惠　通　旅　社
雲南路二十四號電話一八九
房金四角至一元八角

WU-KIANG-SHING-KEE HOTEL;
308 Hankow Rd., Tel. 63224
Rates : $0.50-1.60    C.   11-G

滬江新記旅社
漢口路三〇八號電話六三二
房金五角至一元六角

YIO-PING NO. 2 HOTEL;
17 B. de 2 Républiques,
Rates : $0.40-2.00 Tel. 18429   F.C.   20-F

月　賓　旅　館
民國路十七號　電話一八四
房金四角至二元

YOKOHAMA HOTEL;
59 Minghong Rd., Tel. 43891
Rates : $2.00-6.00    M.   11-F

橫　濱　旅　館
閔行路五十九號電話四三八
房金二元至六元

YOUNG-CHOW HOTEL;
340 Foh-Soo-Li, Ave. Edw. VII,
Rates : $0.60-3.10 Tel. 17642    C.   20-A

瀛　洲　旅　社
愛多亞路三四〇電話一七六
房金六角至三元一角

YUNG-FOH HOTEL;
54 Pao-...

永　發　旅　社

在 1932 年的電話簿上，記載惠中旅館每晚收費 0.45 至 1.70 美元。

關係密切，一位歷史學家估計，國民黨僅靠綁架贖金就獲得大約五千萬美元的資金。[1]

在動蕩的 1920 年代末，國民黨想要追捕周恩來，一位受人尊敬的共產黨革命家。周恩來藏身上海，靠喬裝打扮和不斷搬家，躲避隨時可能發生的逮捕或暗殺。

到 1928 年，形勢愈發惡劣，以至於共產黨第六次全國代表大會轉移到莫斯科召開。仍在受追捕的周恩來回到上海，擔任新當選的中央委員會主席。他年僅三十歲，就走上成為中華人民共和國首任總理的道路。

根據 1928 年 10 月的歷史記錄，周恩來曾下榻爺爺的惠中旅館，並在那裡秘密會見他信任的共產黨同志，討論安全和情報問題。不知當時曾祖父有沒有遇到周恩來，問他要不要吃一顆吃了一半的粽子糖。

...

1 Parks Coble Jr., *The Shanghai Capitalists and the Nationalist Government, 1927-1937* (Cambridge, MA: Harvard University Press, 1980).

穿著傳統長衫的爹爹

惠中旅館在經歷日本侵華戰爭、內戰和革命后日漸衰敗，並最終於
1980 年代被拆除，幾乎沒有留下任何痕跡。與受資本家們青睞的許多其
他建築一樣，惠中旅館在 1966 年開始的文化大革命中遭受洗劫。紅衛
兵和造反派拿走他們想要的，摧毀他們不想要的。最後，他們敞開大門，
讓人們撿走剩下的東西。

　　母親的一位堂兄告訴我們，文革結束幾年後，他去一位上海朋友的
家裡做客。當他第一次走進那間狹小的公寓時，驚訝地發現客廳的全套
傢俱都來自惠中旅館的大堂。雖然磨損嚴重，但還是能一眼就認出那張
華麗的紫色天鵝絨沙發。而且據這位堂兄說，坐起來仍然很舒服。

門角姑娘

# 第十一章
## 家庭變故

　　對我和兄弟姊妹們來說，改變一切的不是戰爭，而是父母之間日益疏遠的關係。我八歲那年爺爺遭遇綁架後，他們的關係又進一步惡化。爺爺回到惠中旅館沒幾天，我從學校回家，發現爹爹安排人搬了一張床到中間。

　　我一直沒弄清楚，到底是某個決定性的事件將父母的婚姻推向懸崖邊，還是一段本就不和諧的婚姻因為家庭危機和經濟壓力而加速瓦解。不管怎樣，爹爹的這一舉動粉碎了我對回歸正常家庭生活的希望。

　　我們房子的格局也因此改變。原先一樓到三樓分別是待客的區域、大人以及孩子的空間。如今由於爹爹搬出夫妻同宿的房間，三層樓被重新劃分為男人、女人和孩子的空間。爹爹搬到樓下後，一樓成了他的專屬空間、他書房的延伸。而姆媽則將臥室當成避難所，在那裡睡覺或準備下一場聚會。

爹爹的細膩審美在中間的簡樸和精緻中得到充分的彰顯。相比其他房間的自由隨意和中西合璧，他現在睡覺的沙龍完全是中式的。裡面放置的紫檀椅沒有任何靠墊或襯墊，而且如此之高，直到我十幾歲時，挺直腰板坐在上面，雙腳還沾不到地。

中間隔壁的餐廳是歐式風格的，裡面是一張十二人長桌，上面擺放著正式宴請用的水晶酒器、純銀餐具和蠟燭台。然而，餐廳很少用於招待客人。我的父母都選擇在外面見各自的朋友——爹爹去拜會文人雅客，姆媽去約見名媛好友。他們沒有什麼共同的興趣愛好，記憶中也從未請客人到家裡吃過飯。

在父母關係最糟糕的時候，爹爹和親婆帶著樹澄去常熟過年。姆媽則留在上海，但大部分時間都不在家。

少婦時期的姆媽費寶樹

一天晚上，我和傭人們一起迎「門角姑娘」，一種類似招魂的迷信活動。在樓上客廳靠近祖先牌位的地方，我們約莫十個人圍坐在一張桌子旁。傭人們在桌子上放了蠟燭、水果和散落的米粒，以供奉這位少女神靈。我坐在接替三奶媽的保姆二二旁邊。

　　管家阿四身穿筆挺的藍色長衫，站在桌子的一端。他先小心翼翼地把一根長長的銀製髮簪插入一隻竹編圓淘籮的邊緣，接著把淘籮倒過來，支在髮簪上，這樣淘籮就可以掛在上面滑動。隨後，阿四用一條雪紡方巾蓋在淘籮上，兩個傭人各搭兩個手指在上面，其他人含糊不清地吟唱著，然後一個接一個起身走向門口，迎接神靈的到來。

　　「她在那裡，妳看到了嗎？她往桌子這邊走過來了。」阿四壓低嗓子小聲地說，目光從門邊移到我對面的空椅子上。我對這個神靈感到既好奇又害怕。

　　淘籮晃來晃去，在米粒中留下一道印跡。管家全神貫注地看著淘籮在桌子上勻速移動，低聲說道：「你們看那個蠟燭。」淘籮靠得更近了，輕觸著火焰，似乎在點頭示意。我緊張地握住二二的手，雙眼緊閉。

　　阿四對大家說：「我得提醒你們，只能問答案是『是』或者『不是』的問題。不要問那種長篇大論的問題。還有，別忘了三小姐也在。」幾個人把頭轉向我，「所以別亂說話」。

　　大家輪流，每次兩個人，把手指搭在淘籮上，問一些大人關心的問題：「我丈夫能很快找到工作嗎？」、「我們村今年收成好嗎？」、「我妻子懷的是男孩嗎？」

　　每次回答問題時，淘籮就像蹺蹺板一樣在髮簪上起伏，點一下頭表示「是」，點兩下頭表示「不是」，在回答問題的間隙則平穩地在桌上劃著圈。阿四問道：「門角姑娘，妳渴嗎？」淘籮滑過桌面，落到一隻茶杯上，朝下磕了一下，彷彿在喝水一樣。

　　輪到我的時候，阿四跟我搭檔。我最先想到的問題沒有人感到意外：「我下週的數學考試能及格嗎？」大家都知道這是我最弱的一門課。我們屏住呼吸等待。門角姑娘點了一下頭，又搖搖晃晃地猶豫了一會兒，然後很明顯又點了第二次頭，所有人都歎了口氣。

我想了想，我的第二個問題也符合回答「是」或「不是」的標準，於是聲音顫抖地問道：「我爹爹和姆媽會離婚嗎？」桌子對面的阿四挑了下眉毛，但什麼也沒說。此時，我們的手指還輕輕地搭在淘籮上，它開始小幅地劃圈，隨著轉動的幅度越來越大，我短小的胳膊也伸到極限，它卻沒有像之前那樣停下來回應。也許是門角姑娘沒聽清楚？

　　我又問了一遍，這次聲音更大了：「爹爹和姆媽會離婚嗎？」

　　還是一樣，繼續劃圈。

　　我問了第三次。之前一直繞著桌子勻速打轉的淘籮，突然加速，沿著一條飄忽不定的路徑轉圈，全然沒有要停下來的樣子。

　　阿四插話道：「門角姑娘，如果妳生氣了，請別怪罪。妳是不是累了，想停下來？」

　　淘籮突然停了下來，點了一下頭表示：「是的。」

　　遊戲結束了。

　　兩個月後，也就是1939年的秋天，我父母的婚姻走到了盡頭。姆媽在十年間生了六個孩子，在結婚十二年後提出離婚。她的律師盡了最大努力進行談判，但鑒於那個時代女性實際上沒有任何權利可言，他能做的也很有限。我們兄弟姊妹年齡從三歲到十二歲不等，撫養權沒有任何爭議，都歸由父親撫養。這不僅是法律要求，也是社會規範。爹爹允許姆媽每個月有三個週末可以來探望我們，已經被視為是慷慨的讓步。

　　樹澄一如既往地表達對父親的怨恨：「不愧是他──一個月有四個週末！」

　　姆媽每個月能拿到二百五十元贍養費，用於支付月租和購買生活必需品，但由於戰時通脹嚴重，常常月頭錢就花光了。（相比之下，祖母和我們住在一起，所以她每個月三百元的零花錢都是可支配收入。）母親別無選擇，只能接受這些條件。她搬到極司菲爾公園旁邊一棟公寓樓，離我們家步行十分鐘。

　　樹澄曾經說過，爹爹和姆媽都沒有資格做父母。我覺得這不公平。爹爹或許冷漠疏離，姆媽或許常常缺席，但在那個時代父母不參與育兒是很正常的，而且他們都用自己的方式，深深地關愛我們。

多年來，我一直在思考一些沒有答案的問題。父母感情不和與父親外遇到底孰先孰後？如果婚姻幸福一些，爹爹會放棄其他女人嗎？我好奇地發現，在朋友的家庭中，正室似乎不介意與小妾分享自己的丈夫。雖然很難理解，但我常常想，如果姆媽和爹爹彼此還有感情的話，她是否會容忍，甚至歡迎那些情婦。

在那個年代，男人經常典賣、轉贈或拋棄女人。大多數女人都願意接受自己的命運，無論是守著不忠丈夫的妻子，還是做眾多小妾中的一個，都比做情婦或流落街頭要好得多。離婚已經足夠罕見，妻子提出離婚更是聞所未聞。姆媽用一段物質舒適但不稱心的婚姻換取了一場未知的將來。她並非魯莽之人，所以我不認為這是衝動之舉。但同時我也不覺得這全然是父親的過錯。姆媽走後，爹爹回到臥室，把母親美麗的照片都撤走了。在我餘下的童年時光裡，他再也沒有帶別的女人來過我們家。當我回首往事時，我感到有些驚訝，因為他是那種很受女性歡迎的獨身男人。

父母離婚和戰時的動盪，促使我一生中習慣於把不愉快的事情拋諸腦後。在我感到孤獨和悲傷的時候，我從不承認，甚至自欺欺人。我從與家人和朋友的相處中尋求慰藉，並通過上海的諸多娛樂活動排解煩惱。

然而，有一段記憶讓我確信自己一定非常想念姆媽。在她離開的第二天，我在廚房地板上發現一件皺巴巴的衣服。那是姆媽的灰色旗袍，上面繡著精緻的牡丹和梅花。「妳父親叫我把它扔掉。」阿四放下正在清理的花瓶，彎下腰認真地看著我說，「這曾是妳母親最喜愛的衣服。妳要是願意，就留下當個念想吧。」

我走到樓上，在我四柱床的帷幔裡打開旗袍，發現它的腰部被莫名其妙地扯壞了。我用繡花的絲線仔細把它補好，掛在衣櫥裡。當我渴望與姆媽親近的時候，我就躲在衣櫃的後面，把那件珍貴的旗袍緊緊貼在臉頰上。

# 四十八個我

　　1930 年代，上海最早的照相館之一寶麗照相館引進一種新的拍攝樣式，即「四十八個我」。攝影師以不高的價格為顧客拍攝二十四張寫真照片，共兩聯。這是顧客首次可以輕鬆隨意地拍攝有別於正式肖像的連拍照。

　　離婚後不久，姆媽就到寶麗照相館在靜安寺路的門店拍照。我不知道她為何選擇在那個時候去，或許是想紀念她人生中的重大變化吧。

　　從第一聯照片可以看出，拍攝是按照時間順序來的。開始時姆媽有些猶豫，不知道要往哪裡看、做什麼表情。不久，她就開始嘗試一些不同的姿勢，並且一幀比一幀更自信。

　　在最後一張照片中，我親愛的姆媽顯得很放鬆，表情自然可愛。我敢說，此時的她已不再懼怕鏡頭。

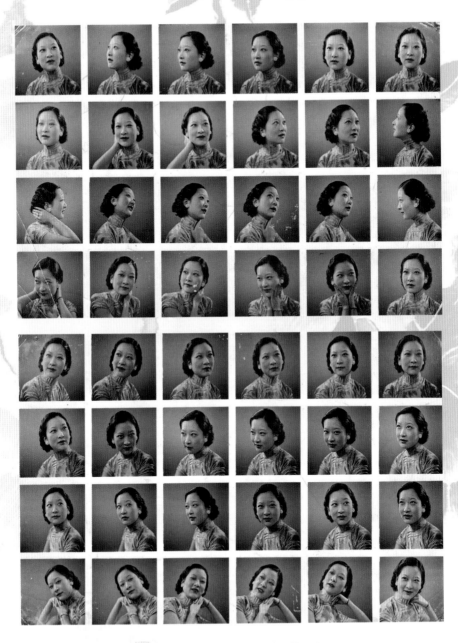

姆媽的「四十八個我」，兩聯中的第一聯。

CHAPTER 12
SEAL OF APPROVAL

# 第十二章
## 印章的故事

　　在爹爹看來，教育是頭等重要的大事。如他所願，我先後就讀於上海最好的兩所學校──中西女中和聖瑪麗亞女校。

　　中西女中的哥德式建築佔據愛丁堡路一處顯著的位置，從家步行半英里就到了。這所學校由美國南方衛理公會創辦，學生都是中國精英階層的孩子。那裡的課程設置與爹爹所接受的儒家教育完全不同，而且爹爹只會說幾句英語，或許他也曾猶豫是否把我們送去那裡上學。不過，想必他最終決定，如果那裡對「宋氏三姊妹」來說足夠好，那麼對我們來說也足夠好。

　　顧名思義，中西女中融合了中西方的教育體系（儘管名為女中，學校也招收男生）。前兩年的課程都用普通話和上海話授課，第三年開始引入英文教材。中國文學等古典學科用普通話授課，而西方藝術和歷史則用英語授課。結果就是我和同學們的日常交流混雜著多種語言和方

言，形成了獨特的說話方式。

　　小學期間，和我要好的都是女生，除了我的同學梁明。我和他也說不上是朋友，但同為中文寫作課的優等生，我們之間有種惺惺相惜的感覺。在我們一起上學的前四年裡，梁明一直都是甲等。但進入五年級後，情況發生了變化。同學間傳聞說他父親因病去世，他從沒工作過的母親，不得不出去尋找生計。

　　家庭的負擔令梁明憂心忡忡，那一年他的成績直線下滑，直到六年級也沒有起色。他仍然輕聲細語、敏而好學，但他的衣服看起來越來越舊，袖子磨破了，衣服也打了補丁。我為他感到難過。

　　一天早上，梁明因為沒有交《哈克貝利·費恩歷險記》（*Adventures of Huckleberry Finn*，又譯《頑童歷險記》）中譯本的閱讀作業而受到老師的責備。午休時，我在操場上找到他。

　　「今天早上金老師課上說的話別放在心上，」我主動說，「她最近總是心情不好。」

　　梁明微微聳了聳肩。「不是她的錯。我確實沒讀，理應受罰。」

　　「即使是這樣，你也太慘了，還要罰抄『哈克貝利·費恩』一百遍。還好筆劃不算多。」我說，「這本書對你來說肯定不難吧？你那麼聰明。我很喜歡馬克·吐溫，暑假裡還讀了他的《湯姆歷險記》（*The Adventures of Tom Sawyer*）。你要是有什麼問題，或許我能幫上忙——」

　　我說到一半就停了下來，為自己的喋喋不休感到尷尬。我們都低下頭看向自己的鞋子——我的漆皮瑪麗珍鞋和他磨損的樂福鞋——直到草地的濕氣滲入我的蕾絲襪子裡。我擔心他生氣了，後悔自己不該多管閒事。

　　接著我突然意識到什麼，「梁明，你是不是沒有《哈克貝利·費恩歷險記》這本書？」

　　梁明什麼也沒說，透過他可樂瓶底似的眼鏡看著我。果真如此，他沒錢買書！

　　放學後，他跟著我坐三輪車回家，然後在書房裡等我去取書。我注意到他逐一打量起房間裡的每一個物件，出神地看著那些繪畫、瓷器和

供石。他的表情讓我想起父親展開一幅心愛的畫卷時那副心滿意足的樣子，彷彿靈魂受到了藝術的滋養。

幾分鐘後，我抱著滿滿一逞書走下樓，說：「這些給你，不用還了。」或許是因為我發現他的困窘，梁明從我手裡接過那些書，就匆匆離開了。

那天晚上九點多，阿四在書房門口對父親說，「少爺，有位梁太太帶著兒子過來。她很抱歉這麼晚打擾，說有急事要談。」深夜有人按門鈴已經很不尋常，何況來者還是我的男同學。很快，母子和父女四人圍坐在了爹爹的書桌旁。梁太太相貌平平，但衣著整潔，穿著旗袍和短外套。她紅腫的眼睛讓我憂心：上一次有大人在我面前哭，還是我的保姆三奶媽辭別的時候。

梁太太抬頭看了看書桌後面牆上的畫。爹爹那天早晨剛把它掛起來，以示季節變換。我們跟隨她的目光，看向柳枝下的燕子──兩隻大的，兩隻小的，好像一家人。沉默片刻後，梁太太終於開口。她說話的聲音很輕，我分不清是她的歎息聲，還是外面柳樹的沙沙聲。

「不知您是否記得我先生，」她說，「他和您在收藏方面有些交集。」

爹爹點了點頭。「當然記得，請節哀。我們兩個家鄉離得不遠，」他正了正桌上的硯台，「也都收集那個地區的清初畫作。聽聞他病重，我心情沉重。所幸他沒有被病痛折磨太久。」

「梁明受了很大的打擊。」梁太太說，「他自小隨他父親學習詩書，很用功……還主動把家裡的畫作彙編成冊。」

爹爹向前打量梁明。「現如今，有孩子願意學這些也是頗為難得。他們這個年紀往往對美國電影和音樂更感興趣。」

「我先生去世後，我們不得不搬出原來的家，」梁太太看著自己長滿老繭的手接著說，「過去這一年，我們靠賣畫維持生計，最近把最後一幅畫也賣了。那是我先生生前最喜歡的一幅。」她歎了口氣。「梁明特別難過。要不是您的三女兒好心，今天送了一些書和課本給他，我都不知道他是因為沒有書才不做作業的。」

「如果您擔心的是這個，那就多慮了，」爹爹向她保證，「我很高

興小女能幫上忙。」

「您這樣慷慨，我更難啟齒了。」梁太太深吸了一口氣說，「今天晚上我回到家，發現梁明正坐在桌旁欣賞一枚漂亮的玉印章。據說，今天下午您女兒讓他在這裡——您的書房等她。」

她從包裡掏出一個荷包，遞給梁明，梁明低著頭，雙手交給爹爹。

「我猜這原本是您的。」梁太太說，「都是我管教不嚴。」她關愛地將手放在梁明的胳膊上。「我應該對孩子多加關心。」

爹爹打開荷包，取出一個物件。沒錯，確實是他最珍愛的收藏之一，一枚雕刻成獅子形狀的明代玉印章。他掃視了一下書桌，視線停留在平時擺放它的地方。

他同情地望著男孩。「你看到獅子頭上這些小孔了嗎？那是主人用來穿上繩子繫在腰間的——比放在書桌上安全多了，你說對嗎？」

我瞥了朋友一眼。只見他雙肩下垂，手捂著臉。

「不同的印章有不同的用途。幸好，這不是我簽法律文書用的印章，」爹爹說，「我把那個鎖起來了。這個呢，是我平時把玩的，用來鑑賞收藏的畫作。」他的眼睛裡帶著笑意。「要是有人想用這枚印章偽造文件，恐怕會失望。」

梁明終於抬起頭來，結結巴巴地說：「不，不，我沒想過要偽造什麼，我只是……」他與爹爹的目光相遇，「覺得它雕刻得太美了，讓我想起父親和他珍愛的一切。」

過了一會兒，爹爹才開口。「梁明，你確實做錯事，但想必過去這段時間你過得很不容易。」他一邊撫摸印章上獅子的頭頂，一邊沉思著。「喜歡文人雅玩無可厚非，過分沉迷則不

然。」

「我之所以這麼說，是因為我比你大幾歲的時候也犯過錯。我不想責罰你，更不想讓你母親擔心。」

梁明因驚訝和釋然而睜大了眼睛，「謝謝，謝謝您。我不該拿您的東西。」

父親寬恕地笑了笑。「正好，我一直想整理一下我的收藏。你願意幫忙嗎？」

梁明和我最終上了不同的高中，但後來的許多年他都定期去看望爹爹。印章事件發生不久後，父親就接管輔導梁明古文功課一事。幾個月後，我朋友的學習成績又回復往日的優秀。

# 第十三章
## 野蠻行徑

　　上海淪陷期間，日本憲兵隊沒收了短波收音機，不讓人們收聽《美國之音》（*Voice of America*）這類西方宣傳節目。但是我們家沒有人對這些感興趣，我們喜歡的都是些無傷大雅的文藝節目：親婆的說書、父親的京劇、我和樹澄的美國流行音樂。儘管如此，爹爹還是警告我們把收音機的音量調低，不用的時候要藏起來。

　　十歲那年，一個秋高氣爽的日子，我獨自一人在中間看漫畫書。我把我的齊尼斯便攜式收音機調到賓·克羅斯比（Bing Crosby）演唱的〈星塵〉（*Stardust*），這時門鈴突然響了。我走到前廳，只見阿四從廚房裡出來，正要打開前門。門另一邊傳來陌生而沙啞的聲音，但聽不清在說什麼。阿四慢慢打開門，當看到是一名日本軍官的時候，我倒抽了一口氣，本能地退回中間。

　　那人肩膀寬大，穿著橄欖色制服，衣領挺直，銅鈕扣和黑皮靴閃閃

發亮。他的普通話帶著濃重的日本口音：「誰是這所房子的主人？」、「有多少房間？」、「有多少人住在這裡，一家人？傭人呢？」阿四腦門上冒出冷汗，但還是一如既往冷靜地回答這一連串的問題。

收音機裡，賓·克羅斯比還在低聲吟唱著。在主持人簡短的閒聊後，「鄰家女孩」戴安娜·德賓（Deanna Durbin）開始用甜美的歌聲演唱〈夏日最後的玫瑰〉（The Last Rose of Summer）。

日本軍官的大吼聲從前廳傳來，「那是收音機嗎？帶我過去。」

他邁著厚重的腳步快速地向我走來。我從眼角瞥見桌子上那台灰色的小收音機，離我只有幾英寸遠，但已經來不及藏起來了。我的腦海中閃現出傭人們講述的關於日本憲兵暴行的恐怖故事。當那個軍官跨進中間的門檻時，我一動也不敢動。

他直直地站立著，掃視著房間以及爹爹放在桌子和架子上的珍貴藝術品，最後才看到我，一開始似乎很驚訝，轉而變得面無表情，開始仔細打量我。

「請把收音機關掉。」

聽到他說話，我嚇了一跳。他的聲音就像一架機關槍彈射在房間堅硬的牆面上。此時我們只有一臂之隔。他的臉稜角分明、飽經風霜，但軍帽短小的帽檐意外地讓他顯得有幾分友善。他的眼睛是少見的淺棕色，比他的聲音柔和得多。雖然我沒有剛才那麼害怕，但還是擔心接下來會發生什麼。

阿四正站在中間的門口。軍官轉身對他說：「請給我倒杯茶好嗎？」阿四猶豫了一下，不安地看向日本人又看向我。軍官的聲音很輕柔：「沒關係，我不會傷害她的。我在日本有一對雙胞胎女兒，年齡和她差不多。」

那人轉向我，跟問阿四一樣，問了我一連串的問題，不過這次不像審問，更像朋友間的聊天。他饒有興致地聽我用普通話回答，這得感謝中西女中，因為大多數上海本地人只會說上海話。我想進一步地瞭解他女兒們的情況：她們幾歲，長得一模一樣嗎，他還有別的孩子嗎？但我太害羞了，不敢開口。

過了幾分鐘，軍官脫下他的軍帽，坐到一把紫檀椅子上。「西方人不會永遠留在上海。多瞭解日本對你有好處。我教你一首日文歌，你願意嗎？」

我點了點頭。為什麼不呢？我喜歡各種各樣的音樂。

「跟我唱：走走走……」

他認真地唱出每個詞，拍打扶手或用穿著靴子的腳給我打節拍，同時耐心地糾正我的發音。時間過得很快，我不再那麼緊張。連阿四都放鬆了一些，為軍官端上一壺茶，然後站在門口看著，時不時地給他斟茶。

「走走走，走走走，東北西南，走走走！……」我第一次一個人唱整首歌的時候，他咧開嘴笑了，但阿四的表情卻很嚴肅。

軍官拍了拍我的肩膀。「小姑娘，你今天幫了你們家一個大忙。」

我不明白他什麼意思。學一首日語歌能對我家產生什麼好處？

但是阿四顯然聽明白了。幾天後，當我們吃著早餐，剝茶葉蛋時，他對父親說。「少爺，我剛從菜場回來。您還記得我跟您說過上星期有個日本憲兵來我們家嗎？」

爹爹揚著眉毛，收起報紙。「記得，阿四。但願永遠不要再見到他。發生什麼事情了嗎？」

「他要沒收巷尾的那棟房子。我聽說會有很多日本憲兵住進去。」阿四不可置信地搖搖頭，「他只給了那家人三天時間搬出去。這麼短的時間，怎麼可能找到別的住處？少爺，這次算我們走運。」

兩個人都瞥了我一眼。爹爹說：「的確是走運。」


這本是尋常的一天。我和樹澄從中西女中放學後，去了一個住在法租界的朋友的的家。由於整個下午都時續時斷地下著雨，我們決定坐電車而不是平常的三輪車回家。當時是交通高峰期，上電車後我們發現只有前面一個座位是空的，更確切地說是半個座位，因為旁邊還坐了一個體型肥胖的男人，他戴著灰色軟呢帽，穿著不合身的細條紋西裝。樹澄撇了一下嘴，我差點笑出聲來——他看起來就像一隻穿著條紋衣服的豬。我倆中歲數更大、身材更苗條的樹澄擠進狹小的空間，我則站在她

身前。

電車時不時停靠路邊。司機兼檢票員穩穩地坐在前面，每次起停時用手靈巧地控制著車速，腳踩著踏板，發出歡快的叮叮聲。在一個月台停靠時，我鬆開扶手，從書包裡摸出一個玻璃果醬罐。雖然我在蓋子上戳了幾個氣孔，但還是想確定一下我的蠶是否安然無恙。我不到一小時前放進去的新鮮桑葉已經被咬去一大半。

「莉莉的父親養了一種特別的蠶，」我告訴樹澄，「她說能長到我們家的兩倍大。你看這只，才兩週大，已經長這麼大了！它會一直吃一直吃，幾乎能看到它在眼跟前長大！」

我為自己養得胖胖的新幼蠶感到自豪，但又擔心找不到足夠的桑葉。「為了換這個蠶寶寶，我把我最喜歡的髮夾給她了，」我跟樹澄說，「你知道的，就是姆媽從永安公司給我買的那個——」

「嘎呲——！」電車前面的街道上傳來一陣刺耳的急剎車聲。

樹澄和我還有其他乘客一起看轉向布滿雨水和灰塵的擋風玻璃。前方幾英尺，有一輛貨車停在馬路中間，後門敞開著。雨淅淅瀝瀝地下個不停，滴落在柏油馬路上。我伸長脖子往外看，努力分辨出車裡兩個男人的身影。一個站著，另一個跪在他面前，垂頭喪氣。

太陽從雲層的縫隙裡照射出來，而雨仍然下個不停。站著的那個人舉起手槍，朝跪著的人的太陽穴扣動了扳機。在子彈射出的瞬間，燧石金屬反射出一道銳利而刺眼的光芒，電車窗戶上飛濺了上百滴深紅色的血珠，讓我想起牡丹花的褶邊花瓣。就在那一刻，我所熟悉的世界永遠地改變了。

目睹這一恐怖事件後，我一時間還沒有反應過來。我無法移開眼睛，伸手去找樹澄的手，發現她纖細的手指也緊繃著。雨水擊打著擋風玻璃，把玻璃清洗得一乾二淨。凶手朝死者踢了一腳，屍體以一種芭蕾舞般的奇怪姿勢倒了下去，砰的一聲摔在人行道上。

突然，一陣玻璃摔碎的聲音劃破凝固的空氣。原來是我裝著珍貴蠶寶寶的罐子掉到地上，砸碎在電車冰冷的木地板上。

「野蠻，」我們的胖同伴喃喃地說，「野蠻……」對於成年乘客來

說，這個詞很好地概括了剛才發生的一幕。凶手砰的一聲關上貨車的門，飛馳而去。樹澄和我低頭看著玻璃罐子散落的殘骸，雖然蠱寶寶乳白色的腦袋上劃開一道很深的口子，還在努力向桑葉蠕動。

叮叮……電車開了起來，我們慢慢地朝家的方向駛去。

我至今也不知道那天死去的人是誰，是一個日本漢奸？一個共產黨特工？還是一個欠青幫保護費的商人？十一歲的我還分不清好人和壞人，大部分大人可能也沒比我好多少。這件事對我的影響，與其說是要弄清楚這個可憐人的身分，不如說是我第一次目睹這座我深愛城市的殘酷之處。

芝潔：媽媽幾乎從來沒有說過她在上海長大時曾感到恐懼。不過，她一直很害怕一個人睡，這持續困擾她很多年。我曾經很困惑，這與她平日陽光的外表不符。她解釋說是因為傭人們講過的鬼故事，以及大世界裡一些可怕的展覽，比如盤踞頭頂的巨大機械蜘蛛，導致她經常做噩夢。儘管她自己堅稱沒有受到上海在 30、40 年代殘酷現實的影響，但在我看來，她潛意識裡發生了什麼變化仍然是個謎。

她說，在電車事件之後，樹澄搜遍報紙，也沒有找到任何有關此事的報導。新聞界對這樣的事件恐怕早已司空見慣，不屑於刊登。雖然租界住著許多像媽媽這樣的中國家庭，但也充斥著黑幫、間諜和激進分子，並為他們提供避風港。

國民黨由精英階層領導，背後有美國政府支持；而共產黨受到蘇聯的影響，團結廣大的農民群體。經過十年的對抗，國共於 1937 年擱置分歧，形成不穩定的抗日統一戰線。同年，上海被日本佔領。1941 年日本轟炸珍珠港後，中國也成為第二次世界大戰的戰場之一。1945 年抗日戰爭結束後，中國的內戰再次爆發。

這一時期政局和聯盟不斷變化，而普通老百姓很難看清局勢。

在外祖母離婚後居住的公寓不遠處有一個叫極司菲爾路七十六號的地方。那裡占地面積很大，中式大門遠離街道。媽媽說，她習慣從馬路對面走過，因為「七十六號」是臭名昭著的汪偽特工總部，由日本人和

他們扶植的漢奸集團控制。許多抗日的仁人志士都是在那裡的地下室被審訊、拷打和暗殺。

在戰時的上海，有組織犯罪十分猖獗。偽裝成商人的黑幫掌控並影響一切有利可圖的行業，不管是警察局、劇院還是咖啡館。不論他們自己有沒有意識到，上海的每個市民都在某種程度上受到黑社會的影響。即使是媽媽和家人喜歡的娛樂場所也暗流湧動。這一切就如同大世界舞台上的魔術表演一樣，構成上海這座城市多元和迷幻的一部分。

# 甲午同庚千齡會

　　中國的傳統曆法始於西元前 200 年左右，是由十個天干和十二個地支組成六十甲子的迴圈。風水大師會根據天干的五行特質和地支的生肖屬相來預測和解釋事物的走向。

　　外祖父出生的 1894 年被稱為甲午年，天干之甲屬陽之木，地支之午屬陽之火，是木生火相生。這樣的五行組合預示著衝突、動盪和災難——外祖父在有生之年都曾經歷。大約在外祖父出生前兩個月，上海發生了一場大火，燒毀一千多棟建築。他出生後不久，第一次中日戰爭爆發，並以中國與其前附屬國朝鮮恥辱地敗給日本而告終。在他的一生中，中國持續爆發著戰爭、饑荒和革命。

　　1943 年夏天，外祖父應老朋友、前中國駐法國大使的邀請，加入一個新成立的社團。這個社團的二十名創始會員都是 1894 甲午年出生，因為都年屆五十，年齡加起來恰巧是一千歲，故取名為「甲午同庚千齡會」；又因為都屬馬，故又稱「千齡馬會」。他們首次聚會是在 1943 年中秋節，上海報紙廣泛報導這次文人結社。

　　這個社團是非政治性的，成員大都為作家、藝術家和收藏家。他們的愛國情懷都凝結在委託創作的大量以馬為主題的畫作和理想主義的詩歌中，既宣洩對日本佔領所帶來的恥辱，也表達了不向侵略者屈服的決心。

　　社團中最著名的成員是兩位不願與日本合作的京劇藝術大師。

　　梅蘭芳，「四大名旦」之一。他把京劇介紹給國際觀眾，並與查理·卓別林等名人成為朋友。梅蘭芳拒絕為日軍演出，並蓄鬚明志，不再扮演自己所擅長的旦角。

　　周信芳，京劇大師，擅長扮演老生。他雖然身材並不魁梧，但掛上黑髯口、穿上寬大的戲袍後就能立刻化身為極具感染力的表演者。周信芳因拒絕去「七十六號」表演而被捕。他的夫人裘麗琳不得不變賣自己的珠寶來換取他的釋放。（芝潔）

1948 年，中國發生社會變革之際，為表達民族自豪感，「千齡會」宣布解散。

爹爹孫伯繩（右起第一個）是在千齡會名冊上簽名的二十名成員之一。

八名社團成員委託八名畫家分別繪製一匹駿馬以代表這幾位成員。

社團成員創作了許多以馬為主題的藝術品，如這把繪有駿馬的扇子。

極司菲爾公園，背景為西園公寓。

CHAPTER 14
THE GODFATHERS

# 第十四章
# 教父

　　一個星期天的下午，我的寄爹（上海話稱教父為寄爹、教母為寄娘）以他慣常的睡姿在房間的躺椅上睡著了。他睡得正香，肚子上下起伏，暢快地打著鼾。

　　「寄爹，幫幫我！」我搖著他的胳膊把他叫醒。「我找不到三咪了。我哪兒都找過了。」我經常帶著姆媽的波斯貓三咪去他那兒。

　　寄爹起身，捋著鬍子穿過客廳。「別擔心，」他說著，低頭看了看花園裡濃密的樹冠。「窗戶都關著，它跑不出去。不如讓廚子給你一條魚——」

　　就在這時，我們聽到了喵喵的叫聲，似乎就在附近，又有點聽不清。我們轉頭看向巨大的都鐸式壁爐。雖然平時我會認真地欣賞寄爹的軍閥父親的那些肖像畫，但今天我的目光掠過了軍帽上華麗的羽毛和閃亮的勳章。

聽起來三咪似乎是在壁爐裡。寄爹把壁爐屏風推到一邊。「喵
——」還是不見它的蹤影。我的寄爹，一代軍閥之子，趴到了地上，然
後爬到了焦黑的爐石上面。當他把貓從煙道裡解救出來的時候，我聽到
一陣叮鈴噹啷的響聲。

「寄爹，你找到它了！它沒事吧？」

他跌跌撞撞地從壁爐裡爬了出來，隨即煙囪裡傳出了咣噹一聲，激
起一團煤煙。

聽到騷動，寄爹的傭人沖了進來，此時寄爹正好從壁爐裡出來，雙
手抱著三咪。他的臉上蒙著一層煤灰，能辨認出來的特徵就剩眼白了。
而三咪平常順滑的白毛此時就像一塊用髒的抹布。

「少爺，怎麼回事？」傭人喊道。「您怎麼不叫我來幫忙？」當寄
爹看到傭人一臉驚訝的表情，我們三個人都放聲大笑起來。

離婚後，姆媽搬到了西園公寓，一個公共租界外的時髦居所。這座

建築由一位俄羅斯建築師設計，
被認為是上海最豪華的住宅之
一。它位於愚園路西端，俯瞰極
司菲爾公園的綠地，離中西女中
不遠。儘管離婚條款規定每個月
只能見三次面，我們還是每週都
抽幾天時間放學後步行去西園見
姆媽。

那段時間我特別渴望有人陪
伴。在家裡，父親更加沉迷於他
的文藝追求。已經十幾歲的樹澄
也不再同我玩耍。樹棻則更喜歡
和學校裡的男同學在一起，而我
的兩個妹妹還在蹣跚學步。因此，我一有機會就去看望姆媽，但媽媽還
像以前那樣忙於她的社交生活。週末拜訪時，我或許能見縫插針地在她
出門前和她呆上幾個小時。

為了打發時間，我喜歡坐著電梯上上下下。電梯服務員似乎並不介意。由於這幢八層樓的建築每層只有兩套公寓，所以不久我就認識了大部分住戶。姆媽樓下的一對夫婦尤其友好。他們個子不高，年齡和我父母差不多大，很有氣度：那位先生有著政治家的風范，穿著平順的長衫；而他的太太則溫和沉靜，梳著精緻而整齊的髮髻。

　　「早上好，」他向我打招呼。「看來我們有了一個可愛的新鄰居。你的父母是誰？」我努力聽懂他在說什麼，他說話的聲音像吞了一袋彈珠，後來才知道是山東北部的口音。

　　他硬朗的下巴和濃密的鬍子本來令人生畏，但翹起的眉毛和明亮的眼睛卻顯得溫和愉悅。

　　「我媽媽住在您樓上。我們家姓孫。」我回答，對父母離婚的事隻字不提。

　　他的妻子說：「是幾週前一起打麻將的孫太太吧？」她與我眼神交會。「她很漂亮⋯⋯你長得像她。她說過要搬家，沒想到是搬來這裡！要是早知道就好了，我們肯定好好地歡迎她了。」

　　不久之後，她就成了我母親長期的麻將搭子。一個星期後，當我放學去姆媽的公寓，又見到了她。她臉上沒有化妝，皮膚光潔無瑕，穿著一件寬鬆的藍色長衫，想必是她丈夫的。我從來沒有見過女人穿男人的衣服，多麼時髦啊。

　　我母親介紹她說：「三妹，跟我們的鄰居盧太太（全名為盧袁慧變）打個招呼吧。」

　　「啊，我一直盼著能再見到你，」盧太太說，漂亮的圓臉上一雙大眼睛亮晶晶的。她說話輕聲細語，帶著北方人的兒化音。除了我的老師和家裡的傭人，很少有大人這麼關注我。我很喜歡這種感覺。

　　姆媽很驚訝。「你們見過面？」

　　「在電梯裡，」我回答道。「盧太太和她先生住在三樓。」

　　「是的，我們聊得很愉快──」

　　另一位女士攤開她的牌，示意她贏了這一局。各家計算分數，然後從桌子旁邊的抽屜裡取出籌碼支付給贏家。我靜靜地看著她們在桌上呼

啦啦地洗牌，暫時忘記了我的存在。

　　過了一會兒，女士們都站起來去喝茶，盧太太問我要不要下樓去找她先生。「他正在用新的留聲機聽他朋友梅蘭芳唱京劇。有人陪著，他會高興的。」

　　軍閥之子盧小嘉就這樣陪伴我度過了許多週末和下午。雖然我不知道他是做什麼的，但我已經習慣了像爹爹這樣不會每天出去工作的人。阿四曾經說過盧小嘉是「四大公子」之一，其中兩位是軍閥之子，一位是總統之子，還有一位是總理之子。

　　盧太太出生在山東的濱海城市青島，那裡曾是德國的殖民地，因其釀酒廠而聞名。她容貌姣好，年輕時曾當選「青島美人」。

　　盧先生和盧太太沒有孩子。這於我是幸事，與他們結識並交好正是我精神上需要慰藉的時候。他們問姆媽是否願意讓我認他們作寄爹、寄娘。經爹爹同意，我們舉辦了一場小型儀式，由我給兩位乾親敬茶並磕頭。

　　寄爹、寄娘相當於英語裡的教父、教母。「寄」有「送」、「委託」和「依靠」的意思，是鞏固家庭友誼的常見方式。中國的教父母本質上是代理父母，但對孩子沒有法律或宗教責任。

　　寄爹和寄娘在我生命中扮演了簡單而重要的角色：關心和疼愛我。

　　雖然我的親生父母沒有對我不好，但他們都以自我為中心，很少公開誇讚或表達愛意。事後看來，或許他們是為了減輕離婚的痛苦而沉浸在各自的消遣中。他們可能沒有想到，我也很痛苦，也會感到孤獨和無助。

　　我的寄爹寄娘喜歡把我摟在懷裡，把我介紹給朋友們，說我是他們的乾閨女。他們給了我必要的關愛，讓我感到安全和被愛。

　　在我的眼中，寄爹是我善良的教父。我對他的過去暸解甚少，也不知道他曾與另一種意義上的「教父」——上海最大的黑幫頭目大打出手。那起爭端因小事而起，卻不可挽回地改變了兩人的命運，甚至間接導致青幫頭目易主。芝潔在研究後進一步挖掘了這段往事。

芝潔：媽媽提到的這件「小事」發生在 1924 年，當時她的教父盧小嘉還很年輕。盧小嘉是浙江督軍盧永祥的長子。民國初年，政府力量薄弱，軍閥割據混戰。盧永祥是頗有勢力的軍閥。據說，他的成功有賴於他卓越的軍人素質和敏銳的政治嗅覺。盧小嘉雖然沒有官銜，但作為盧永祥的兒子，他在浙江軍中頗有權勢。

　　盧小嘉的對手黃金榮則是另一種類型的教父：上海青幫的頭目。大世界便是他無數產業中的一個。黃金榮建立了許多黑幫基地，包括他在公館馬路聚寶盆茶館的「辦公室」。他身材敦實、生性專制，彷彿法租界的土皇帝。人們說，黃金榮跺一下腳，整個上海灘都要抖三抖。

　　那天晚上，盧小嘉一個人去了上海當時最受歡迎的戲台之一──愛多亞路的共舞台聽京劇。彼時五十多歲的黃金榮，比盧小嘉年長一輩，也在觀眾席裡，坐在靠近舞台的包廂裡。他是專為他的情婦，一名叫露蘭春的花旦名角捧場的。

　　露蘭春在京劇《武家坡》中出演主角。與西方人觀劇不語的禮儀不同，中國觀眾習慣於公開表達喜惡。在看劇時可以邊吃邊聊，使這種活動兼具了藝術性和社交性。演出快到尾聲時，露蘭春準備下台，馬鞭卻不慎滑落。雖然她及時抓住了鞭子，但觀眾還是發出了噓聲和笑聲，其中尤其刺耳的一聲倒彩來自樓上包廂。

　　黃金榮因為自己的女人被欺負而心生憤怒，雙頰顫抖著朝著包廂的方向怒目而視。在黑暗中，他看不清何人在喝倒彩，便派了幾個跟班上樓去查。他們驚訝地發現對方是一個二十歲出頭的翩翩公子，穿著講究的長衫，看到他們闖進來依然泰然自若。這喝倒彩的人正是盧小嘉。

　　黃金榮的跟班一把抓住他，將他摔倒在地，說：「像你這樣的少爺何故要惹事生非？你以為你是誰？」小盧默默地忍受著他們的毆打。「你今天招惹錯人了！」黑幫成員喊道。「這是黃金榮送給你的禮物，」說

完又是一陣拳打腳踢。「下次，別指望能活著出去。」

　　打手們離開後，盧小嘉滿身是血地站了起來，跌跌撞撞地走出了劇場。

　　幾天後，黃金榮又在包廂裡看露蘭春表演。這次，武警們奉何豐林將軍之命衝進舞台，把他抓了起來。何豐林是上海淞滬護軍使，也是盧永祥安插在上海的親信。他當然不會拒絕上級的命令，幫其兒子報仇雪恨。

　　即使是黃金榮和他的爪牙，也無法與盧永祥麾下的軍隊對抗。軍閥部隊的裝備是坦克和機關槍，還有成千上萬的士兵，控制著租界以外的整座城市和毗鄰的省份。武警把黃金榮帶到何豐林的駐地，把他吊在梁上，用馬鞭抽打。選擇馬鞭也是意味深長。

　　聽聞他被捕的消息，黃金榮的妻子驚恐萬分，向丈夫的兩名副手尋求幫助。黃金榮最親近的晚輩，年輕有野心的杜月笙，也就是「杜大耳朵」，拜訪了何豐林。黃金榮的另一名副手張嘯林，也就是後來為爺爺交涉綁架贖金的「張枇杷」，則去了盧永祥在杭州的總部。

　　杜月笙意識到單靠錢不足以解救黃金榮，於是設計了一個三管齊下的方案，相信盧家無法拒絕。首先，他想辦法籌集了一筆錢收買抓捕黃金榮的人。其次，他發揮個人魅力召集了一群盧小嘉身邊的好友勸說他退讓一步。

　　盧小嘉和朋友們喝茶的第二天，一輛軍用卡車開進了城區，來到法租界週邊。黃金榮從車內走出來，召了一輛黃包車送自己回家。

　　最後才是杜月笙方案的第三個部分，也是最複雜的部分。

　　正如人們所知，「露蘭春事件」暴露了青幫面對軍事力量時的薄弱之處。杜大耳朵的解決方案是拉攏軍隊，不僅要建立青幫和軍方的長期聯盟，更要建立一個機制來籌得釋放黃金榮所需的巨額資金。

　　杜月笙和盧永祥在杭州會面，在那裡黑幫和軍閥同意與一個大型鴉片貿易團夥開展合作，共同管理上海的鴉片運輸和銷售。青幫負責批發採購和分銷，盧永祥的軍隊則幫他們對付其他省份的幫派和土匪。任法租界巡捕房督察長的黃金榮和任上海淞滬護軍的何豐林，都將在貨物進

174

左：寄爹的父親，軍閥盧永祥。右：三大亨（從左到右依次為杜月笙，張嘯林和黃金榮）。

入上海時睜一隻眼閉一隻眼。

鴉片貿易商為支付黃金榮的贖金破費了二百七十萬美元。[1] 這是一個再巧妙不過的安排，讓各參與方都獲得了巨大的經濟利益。

這筆交易也讓黃金榮體面地讓出了青幫頭目的位置，從此他與兩位前副手——杜大耳朵和張枇杷——平起平坐，開啟了青幫集體領導的時代。三人自此並稱「上海三大亨」。

三大亨中最會來事的杜月笙獲得了許多榮譽頭銜，包括公司董事、聯合商會會長，甚至還有中國納稅人協會的監事。他與國民黨領導人蔣介石保持著密切聯繫，利用他的黑幫勢力為蔣介石剷除異己。

然而，杜月笙也以給仇敵家送棺材而聞名。再後來，外表的體面已無法掩蓋他的心狠手辣和鴉片成癮，後者導致其雙眼無神、手指燻黑。

...

1　Stella Dong（董靜）, *Shanghai: The Rise and Fall of a Decadent City*（New York: HarperCollins, 2001）.

黃金榮從未忘記露蘭春事件使他蒙受的損失和屈辱。這件事永遠地打破了青幫內部的平衡，也改變了母親的寄爹盧小嘉的命運。幾年後，盧永祥受排擠辭去職務，盧小嘉失去了軍隊的靠山，黃金榮逐漸又燃起復仇之心。為了安全，盧小嘉躲回山東老家，定居在青島。在那裡，他遇見了「青島美人」──母親的寄娘，並與她結婚。

蔣介石從與青幫的關係中獲益匪淺，他非常清楚上海黑幫活動的價值。1937 年，當蔣介石和國民黨軍隊在上海敗給日本人時，為防止利潤豐厚的黑幫活動落入日本人手中，他敦促三大亨儘快離開上海。

杜月笙聽從蔣介石的建議，在日本佔領時期搬到香港居住。二戰後，雖然他回上海呆了幾年，但再也沒能恢復往日的輝煌。青幫內部認為他在最困難的時期拋棄了上海，對他冷眼相待。1949 年共產黨執政前夕，他逃離了上海並於兩年後在香港去世。

張嘯林則一直留在上海。他是三人中最反復無常的，長期以來，因未能成為青幫老大而耿耿於懷。在杜月笙離開後，張嘯林試圖通過與日本人合作來擴大自己的權力根基，不料反令他陷入危機，最終被自己的保鏢暗殺。

母親寄爹的死對頭黃金榮也留在了上海，但因拒絕與日本人合作，影響力大不如前。此事倒是幫了母親的忙，由於盧家認為可以放心地回到上海，她很快就在西園公寓的電梯裡與他們相遇。

在 1945 年日本投降後，黃金榮重新掌權。盧小嘉再次感受到威脅，於 1946 年攜妻子永久移居台北。

誰能想到母親的寄爹對京劇名伶喝倒彩的衝動之舉會產生如此深遠的影響？母親說，不知道他是否後悔過，但她希望寄爹知道，正是這件事讓他遇見了寄娘，逃往台灣，從而遠離了留在大陸的未知命運。

在曾經叱吒風雲的上海三大亨中，黃金榮是 1949 年共產黨執政後唯一留在上海的人。作為三大亨中最年長的，他活到了 86 歲，比另外兩人都長壽。在他去世前兩年拍攝的一張照片中可以清楚地看到他的潦倒處境：在塵土飛揚的垃圾車旁，身著破舊長衫，肩膀僵直地拄著一把

掃帚，已然風燭殘年。

八十四歲的黃金榮

1930 年代中期，京劇藝術大師梅蘭芳身穿戲服、甩動水袖的男旦造型。

# 京劇之王

　　1790 年，在慶祝乾隆皇帝的八旬壽辰之際，演繹各類歷史劇目的京劇首次上演。劇中的角色包括正義的帝王將相、活潑的丫鬟婢女、精明的朝中大臣、苦情的鴛鴦眷侶和插科打諢的小丑。

　　演員們僅用戲台上的一張桌子和幾把椅子，就生動地展現出亭台樓閣、山川湖海和各種激戰打鬥的場景。京劇演員不唱功了得，還擅長各種舞蹈、表演、武術和雜技。這既要求有充沛的體力，又需要沉穩的台風和細膩的演技。

　　京劇依靠套路化的手勢和動作來傳情達意。繞場走一圈代表漫長的旅程，拿著鞭子象徵騎馬。精緻的服裝和獨特的妝容暗示著角色的地位、職業和個性。一名訓練有素的演員可以自如地甩動長達一公尺有餘的水袖，並借此表現人物的悲歡。

　　京劇的行當分為生、旦、淨和丑。通常而言，一個京劇演員的整個職業生涯都會奉獻給其中一個行當。諷刺的是，這些完美演繹中國最崇高、最精粹的藝術形式的演員們多出生窮苦且未接受過教育。

　　清朝宮廷認為女性表演有損風化，所以早期的劇目均由男性演出。此性別限定催生了一批「男旦」，他們十分擅長把握和展現女性角色的魅力。其中，京劇藝術大師梅蘭芳因其華麗的嗓音、嫵媚的眼神和模仿小腳女子的優雅身姿而受到追捧，可以說是 1930 年代最受尊敬的戲劇表演藝術家。

　　京劇的配樂沒有成型的樂譜，都是跟隨打板的節奏演奏熟悉的旋律。對於外行人來說，文戲高亢的絲竹聲，武戲連續的鑼鼓聲，是需要假以時日才能接受和喜愛的。（芝潔）

姆媽費寶樹

CHAPTER 15
NOT FOR SALE

# 第十五章
# 險遭拐賣

　　我的母親費寶樹出生於 1909 年，彼時中國剛剛廢除纏足的陋習。雖然此舉提供女性最基本的自由，大大改善了她們的命運，但在法律和經濟意義上女性仍然很大程度上依附於男性。

　　姆媽很少談及她的童年。她出生於常熟富戶，在三姊妹中最小。她的父親當過知縣，教她能讀會寫，在一定程度上體現了她父母開明的觀念。但她學業不精，曾將她母親氣哭。她的長姊嫁給當地一個富家子弟。據說那家人裡為了不讓他亂花錢，情願讓他留在家裡抽鴉片。

　　好景不長，姆媽十幾歲就父母雙亡，她和二姊費寶琪如何度過孤兒時期已無從知曉。姆媽生得珠圓玉潤、性情溫和，而比姆媽年長兩歲的寶琪阿姨則積極上進、勤奮好學。

　　當姆媽搬到上海和爹爹結婚時，是寶琪阿姨從常熟出發一路護送。寶琪阿姨給自己取了個英文名叫波琳，她努力學習英語和繪畫，如饑似渴地博覽群書。中間她曾與一名海關官員閃婚，但這段婚姻最終以前夫

剪碎她所有的漂亮旗袍而告終。

1930 年代，寶琪阿姨遇到後來成為她第二任丈夫和終身伴侶的陳長桐。陳長桐是中國銀行總行的高管，活躍在國民黨的高層，很受蔣介石器重。蔣介石的妻子是宋氏三姊妹中年紀最小的宋美齡。另外兩個姊妹分別嫁給當時的中國首富孔祥熙和國民黨創始人孫中山。他們的哥哥宋子文則在國民政府中擔任財政部長。

寶琪阿姨在這圈子裡耳濡目染，變得愈加通情練達，既擅長文藝，又精通時事。她雖然沒有接受正規教育，但在興趣和決心的驅動下自學成才，可以說是那個年代的傑出女性。

阿姨費寶琪

寶琪阿姨和姆媽感情很好，儘管她們的生活截然不同，但都熱中於時尚和麻將。對於我那天性愛玩的母親來說，腳踏實地的寶琪阿姨很自然地扮演保護者的角色。

作為一名離婚的女性，即使在最好的情況下，姆媽也很難靠她有限的贍養費自力更生。在我父母分手的兩年前，日本已經開始佔領上海，這讓母親的境況雪上加霜。姆媽發現，隨著通貨膨脹日益失控，規劃預算變得毫無意義，連外出購買簡單的生活用品都要帶一大袋子現金。

在她離婚之前，生活條件一直很好，於是她對人慷慨到了過分的程度，但後來外界環境發生巨大的變化。她不再去她最喜歡的餐館和俱樂部，因為那裡要麼已經關門大吉，要麼受到日本軍方的控制。此外，綁架事件有增無減，姆媽往來的朋友家常有受害者。她的許多密友，甚至自己的姊姊都逃離上海。失去了爹爹家庭的庇護，母親越來越孤立無援。不可否認，對她而言上海已經成為一個危險的地方。

上述種種壓力使她變得神經緊張，而這種情況伴隨她的餘生。後來，她還像以前那樣把頭髮梳成光潔的髮髻，但時不時會下意識扯出一縷頭髮再撥回到耳後。

芝潔：1937 年 7 月，日本對中國發動全面的侵略戰爭。在佔領滿洲和幾個北方省份之後，日本軍隊又佔領上海和南京。中國的傷亡人數是驚人的：據估計，僅上海淞滬之戰就死了近二十萬人。

戰敗後，蔣介石和國民黨領導的中國軍隊撤退到遙遠的西南內陸，並在重慶建立臨時陪都。1938 年，五十多個大使館的代表和成千上萬的民族主義者、實業家和平民加入去重慶的大逃亡。他們當中就有費寶琪和陳長桐。

隨著二戰的爆發，外祖母在上海的處境進一步惡化。在西園公寓住

了四年後，她決定退租。她感到和姊姊在一起才可能安全。於是，1943年，外祖母在資金不足、準備欠妥的情況下，與一個幾乎不認識的女人一同踏上重慶之旅。此次長途跋涉穿越大半個中國，全長八百英里，一路都危險重重，隨時有可能遇到中日交鋒、軍閥衝突或土匪襲擊，還有可能被日本憲兵逮捕。

外祖母和她的同伴一路沿著長江往上游走，那裡人口密集，更容易找到住處。長江，這條亞洲最長的河流從喜馬拉雅高原流經中國大地，向東近四千英里，最後從上海匯入中國東海。

輪船的班次很不穩定，而且價格昂貴。許多船隻，包括爺爺的輪船公司都被國民黨軍隊徵用，向重慶運送貨物。外祖母和同伴二人向上遊行進時，大部分時間只能靠走路，並寄希望於沿途搭乘交通工具。

和姆媽一樣，盛阿姨也是去重慶投奔親戚。一開始共同的朋友介紹她們認識時，姆媽有些擔心盛阿姨年紀大能否經受住這次旅行。即使是寬鬆的旗袍也無法掩蓋盛阿姨外凸的金魚眼、溢出的雙下巴和笨重的身形。但姆媽心想兩人相互幫襯總比獨自出行更安全些，於是暫時放下憂慮。由於資金有限，她們決定不雇傭全程嚮導，而是在旅途艱險的時候雇傭人護送，這樣能節省不少錢。

她們發現，離上海越遠，與當地人溝通就越困難。各地方言十里不同音，而姆媽和盛阿姨只會講常熟方言，頂多再加上幾句普通話，但在長江流域的廣大農村派不上什麼用場。

有時，她們會把想說的話寫下來，這樣不管是哪裡的人都能看懂。但即使這樣也常常是徒勞的，因為大部分村民都不識字。於是只能用手比劃、連蒙帶猜，如果不是她們處境艱難，或許會覺得有幾分滑稽。

她們前進的速度比姆媽預想的要慢得多。姆媽平常悠閒從容慣了，

但碰到盛阿姨步履遲緩、事事要依賴她還是很頭疼。媽媽每天都要仔細打量陌生人，判斷哪些人能信任，哪些人又靠不住，還要規劃最佳路線和交通方式，是選擇步行、騎騾子、坐轎子還是羞恥地讓汗流浹背的男人背著她們艱難前行。此外，還要討價還價，儘量少花錢。

在江水和緩時，她們登上破舊的舢板。六名縴夫把磨破的麻繩綁在身上，光著腳沿著碎石灘拉船逆流而上，一天下來也就換取一碗米飯的錢。

我試圖想像我養尊處優、只關心刺繡和麻將的母親是如何經歷這一切的。我想像她睜著水汪汪的大眼睛，艱難地穿過貧窮的村莊，經過接觸一貧如洗的農民和滿臉塵土的孩子。當在她第一次欣賞到鄉村腹地的質樸之美時，是否曾在匱乏中感受到一絲解脫？面對連綿起伏的山丘，星羅密佈的稻田和茶園，普通人家在河岸邊的簡樸屋舍，以及那些她不再享受的家庭生活，她是否也曾為之動容？

經歷了這麼多，最終差點讓她喪命的不是軍事交火，不是崎嶇的地形，也不是強盜劫匪。在啟程將近三個月後，姆媽和盛阿姨抵達安徽省

縴夫在激流中拉船

的一個村莊。她們離目的地還有不到三分之一的路程，身上的盤纏也差
不多花光了。

　　她們下榻一家小旅館時已經天黑了，於是吃了一頓溫熱的菜粥和紅
薯後就回房休息。姆媽此時已疲憊不堪，但還是清醒地躺在炕上，思考
著錢的問題。盛阿姨似乎並不擔心，心大地打起了呼嚕，曬黑的寬額上
敷著一條疊好的濕毛巾。姆媽回想著同伴的諸多缺點：行動遲緩、判斷
力差，有時還近乎無情……最終掙扎著睡著了。

第二天早晨太陽剛剛升起，房間裡還很昏暗，姆媽從沉睡中醒來時驚訝地發現盛阿姨不在房間裡，她的東西也不見了。姆媽急忙下樓，看見皮膚黝黑、身材瘦長的客棧老闆正在櫃台前用長滿老繭的手擦著窗戶。

　　「付先生，你看見我的朋友了嗎？她人和行李都不見了。」

　　客棧老闆搖搖頭，沒有回答。姆媽問，「怎麼了？她去哪兒了？」

　　「不關我的事。我從五歲就開始起早貪黑、拚命幹活，終於攢夠錢買下這個地方。我可不想摻和這種事情。」

　　看他說話支支吾吾，不願開口，姆媽才意識到出事了。「我們已經出來好幾個月，花的時間比我預想的要長。我的錢只夠付昨晚的房錢，沒有多的了。」說著，她從袖子裡掏出一個香囊。

　　「付先生，求你讓我們留下，就等我聯繫上我重慶的姊姊就把錢還給你。我可以把我的首飾押給你做擔保。」

　　「昨晚的房錢我可以不要，但我不想惹麻煩。」付先生一邊思忖著，一邊皺起眉頭。「你看起來是個好人，怎麼就遭那個女人算計了。」

　　姆媽疑惑地看著他，「她怎麼了，付先生？」

　　「昨天深夜，她下樓見了我們村的大地主。我的地就是從他手裡買的，現在每個月都要還錢給他。那人橫行霸道、無惡不作……」

　　「這跟我有什麼關係？」姆媽問。

　　旅店老闆抿起嘴唇。「他在村裡已經有好幾個小老婆。其中年紀最小的歲數只有你一半大。他還經常打她們。」

　　「你在說什麼？」

　　「昨晚，你的朋友……她把你賣給他了。」

　　姆媽感到一陣眩暈。「她什麼──？」

　　「你什麼都沒聽見嗎？她付了帳，日出前就走了。」他苦澀地笑了，「恐怕她這會兒正帶著賣你的銀子高高興興地去重慶呢。」

　　姆媽憤怒地攥起了拳頭大叫：「她憑什麼拐賣我！」

　　付先生帶著姆媽來到村裡的小電報局，那裡同時兼作郵局和銀行。他借錢給姆媽，讓她能給時任重慶國民黨中央財政部國庫司司長的姊夫

陳長桐打電報。

　　姆媽在旅館裡坐立不安地等了兩天，擔心陳長桐沒有收到電報，也擔心他不能及時救援，被那個惡霸地主捷足先登。

　　事實上，陳長桐收到姆媽的求救信後，立即去找他的上司、財政部長宋子文。宋子文隨即發急電給顧祝同司令官，相關指令被層層下達。

　　第三天，安徽的天氣晴朗又涼爽。姆媽又過了徹夜難眠的一晚，一早就被馬蹄聲和粗重的噪音吵醒。她拉開窗簾看向樓下的院子。一輛深紅色的花轎停在鵝卵石地上，彩帶隨著微風飄動。四個轎夫擠在一旁，嘴裡嘟嚷著難以聽懂的方言。就在他們到達旅館的同時，一支由八名士兵組成的騎兵團也抵達了。

　　晨光照亮了士兵們的步槍和刺刀。姆媽從她房間的窗戶裡看著轎夫們抬起轎子離開，才如釋重負地長舒了一口氣。

　　陳長桐安排人給姆媽備了一輛馬車，由騎兵護送她到重慶，一路上平安無事。雖說有些濫用軍事資源，但這讓母親得以在相對舒適的情況下完成剩下的旅途。

　　國民黨一直駐紮在重慶，直到二戰結束。姆媽和寶琪阿姨在抗戰勝利後一刻也沒有耽擱，1945 年 9 月，她們登上從重慶回上海的第一艘船。我的母親驚訝地發現，這次返程與她前往重慶時的長途跋涉相比，如此之快，如此之輕鬆。當然，這一次姊妹倆是順流而下。她們乘著長江波濤，越過壯麗的峽谷，穿過中原腹地，經過她們兒時富饒的故鄉，一路平安地回到上海。

　　在分別兩年之後，我和兄弟姊妹們都非常高興能和姆媽團聚。她在白賽仲路的良友公寓租了一套公寓，距離陳長桐姨父和寶琪阿姨在格羅夫納大廈的新家大約一英里。

　　此時，樹澄已考上聖約翰大學，我和樹棻也上高中了。或許爹爹在戰爭後看清現實，放鬆此前對我們和姆媽見面的限制。樹澄過十八歲生日的時候姆媽不在身邊，她特別想念姆媽。兩人努力地彌補因戰爭而失去的時光，一起享受上海的繁華，一起打扮得時尚新潮。

　　回到上海幾年後，姆媽接待一位意外的訪客。她曾經的旅伴盛阿姨

出現在她家門口，哭著為她在安徽的所作所為道歉。我母親從不記仇，早已準備原諒她。但當時寶琪阿姨也在，用姆媽不擅長的口吻享受斥責盛阿姨：「你對我妹妹做出那種事，怎麼還有臉再來這裡！任何人都休想拐賣她！」

寶琪阿姨把那女人趕出去，從此她們再也沒見過她。

三十年後，我才得知姆媽與爹爹離婚並長途跋涉八百英里穿越烽火線背後的真正原因。她愛上一個在重慶的國民黨將領，一個有婦之夫。這也解釋為什麼蔣介石會同意派遣騎兵去安徽的小客棧營救她。

那段戀情持續很多年，但無疾而終。

姆媽為自己著想，不得不做出重大的決定。她於 1948 年，也就是共產黨執政的前一年移居香港。但接下來還有更多挑戰擺在她和我們整個家庭面前。

# 第十六章

## 三叩首

　　傭人花了好幾天時間準備供桌上擺放的新鮮菜餚和時令水果。點燃的蠟燭和檀香在這些高腳瓷盤間閃爍著微光，一副煙霧繚繞的景象。供桌的後方可見一副真人大小的畫像，那是身著刺繡長袍的伯祖父老四。

　　在我們家看來，伯祖父的早逝彌補了他從前的過失。雖然他欺瞞自己的父親，但他膝下無子，為保過世後能有男性子嗣祭奠，將遺產贈予爹爹。這一命運的轉折為我們一家提供後續五十年的經濟保障。

　　親婆以自己的方式表達對逝者的敬意。她曾怨恨伯祖父將丈夫引入歧途，但往事已矣。我們一連幾個星期坐在八仙桌旁，將數百張正方形的紙箔折成元寶。在祭奠伯祖父的前一天晚上，我問親婆：「伯祖父都去世了，還要錢幹什麼呢？」

　　「即使他不在了，我們也必須供奉他，讓他在另一個世界能過得好一點。」祖母理了理紙錢說。「如果他在那裡應有盡有，就會繼續保佑

我們。所以我們要為他準備食物和祭品來表達我們的敬意。」

這時，親婆的教友公公提著一個大布袋走了進來。這是我最喜歡的環節：往折好的紙錢裡吹氣，直到鼓成胖胖的元寶，再裝進布袋。袋子裝滿後，親婆打了一個活結把袋子紮牢，然後告訴我：「公公會把元寶帶到廟裡燒掉，這樣妳伯祖父想要什麼就可以買什麼了。」

親婆說伯祖父喜歡打牌九，我希望他在那個世界也能找到心儀的牌館。

每逢伯祖父的生辰和忌日，爹爹都要為他上香。我十幾歲的時候，即使家裡食品和物資長期短缺，也仍然延續著這個重要的傳統。樹棻長到十三歲後，開始協助爹爹履行沿襲幾個世紀的孝道。

祭祖的那個早晨，爹爹在其他家庭成員的注視下，跪著向祖先牌位磕了三個頭，即「三叩首」。古代最隆重的禮節是「三跪九叩首」，即三次下跪、九次磕頭。

作為家中獨子，樹棻肩負著接續香火的重大責任。爹爹是爺爺正妻的獨子，若沒有樹棻，家族姓氏便後繼無人了。對於親婆來說，樹棻在祭祖活動中的角色，具有實際及象徵的雙重意義。她下定決心不能讓他變成伯祖父老四和祖父老七那樣的紈絝子弟。

在那個富裕家庭普遍把兒子當太子一樣養大的年代，親婆想出一個獨特的解決辦法：以近乎苛刻的節儉約束樹棻。她將此視為家族獲得救贖的唯一機會。太爺爺的財富積累使我們家成為常熟的名門望族，但令親婆憂心的是，許多人說我們家會絕子絕孫，無人繼承家業。更糟糕的是，我們家就姓孫。親婆一心想要破除這個詛咒，於是愈發虔誠地禮佛。

為了扭轉家族命運，親婆力求節儉，讓孫子也粗衣糲食。有好些年，親婆每天都給樹棻幾個銅錢，讓他在上學路上施捨乞丐，直到她發現很多人把錢用在抽鴉片和賭博上。後來，她聽說有個企業家開辦了一家粥廠，於是她改讓樹棻發放粥券。

當樹棻第一次和爹爹一起祭奠的時候，我驚訝地發現他竟變得儀表

堂堂，修長的身型配上及地的長衫顯露出某種儒雅風度。曾經穿著土氣的頑童如今已判若兩人，舉手投足氣度不凡，彷彿為了證明自己堪當重任。

幾個月前，樹菜還在努力馴服他無處安放的長腿長腳，笨拙地練習下跪和磕頭，讓我們樂不可支。樹澄笑道，「這笨手笨腳的樣子准會嚇跑祖宗！」

但當那一刻真正到來的時候，我們都怔住了。只見樹菜緩慢俯身、舉止流暢，每一次跪拜，都風度翩翩地用手地撩起長袍。我想，即使看著有些嚇人的伯祖父也會欣慰的。

這些儀式意外地讓我感到慰藉。那是我一生中唯一一次羨慕樹菜去做只有男孩才能做的事。儘管我對歷史興趣寥寥，但不知何故，這些儀式讓我對從未謀面的祖先感覺親近。我希望樹菜與我所見略同，這樣他就能把這個傳統延續很久很久。

十八、九歲時的樹菜

# 叩首禮

人們常常將磕頭與覲見皇帝時的叩首聯繫在一起，認為均表示尊敬或服從。

磕頭起源於佛教。信眾到寺廟的佛像前磕三次頭則源於佛教三寶：皈依佛、皈依法、皈依僧。

孝順及尊老是儒家的核心價值觀，也是良善社會的重要基礎。在外祖父那個時代，向長輩請安時必須磕頭。

在中餐館裡，仍然可以看到這一逐漸消失的風俗的遺跡。相傳乾隆有一次微服私訪，在茶館裡為他的隨從倒茶。這位隨從雖惶恐卻不敢按照傳統下跪謝主隆恩，以免暴露皇帝的身分。於是，他就巧妙地彎曲中指和食指，在桌子上輕敲以示謝恩。

後來，這個手勢演變成了如今簡化版的叩手禮：當有人斟茶時，伸出食指和中指的指尖輕敲桌子來表示感謝。（芝潔）

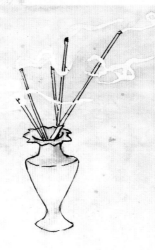

ANEYRETA 的女孩們。從前排中心順時針方向，
依次為埃斯特、夏洛特、瑪格麗特、海倫娜、雪麗、瑪米和我。蘇珊缺席。

# 第十七章
# 攻克數學

　　我的家人性格強勢，這使我從小養成討好他人的習慣。直到在聖瑪利亞女校求學的最後三年，我才逐漸萌發自我意識。在那之前，我總是被與他人的關係所定義。對父母來說，我是他們的三女兒。對弟弟妹妹們來說，我是三姊。對傭人們來說，我是三小姐。但在聖瑪利亞女校，老師和朋友們第一次用樹瑩——我自己的名字稱呼我。

　　聖瑪利亞女校對我的影響是持久而深遠的，它不僅讓我建立了一生的友誼，也塑造我的世界觀。

　　除了中國教師外，大約三分之一的教師是有聖公會背景的美國未婚女性。其中一位教師，伊芙琳・阿什克羅夫特（Evelyn Ashcroft）執事，是聖瑪利亞女校的傳奇人物。她為人熱情，但治學嚴謹，平時負責教授歐洲歷史和文學，是一位出色的老師。她個子很高，舉止莊重，總是穿一件及地的修道服，夏天是白色，冬天是黑色，像英國電影裡的家庭女

教師。一開始我很怕她，直到我把她的頭巾想像成一個巨大的餛飩，才感覺到她的平易近人。

　　她的臉被頭巾遮蓋了大半，但我們學會從她露出的那部分辨認她的表情。她的眉毛很濃密，鼻子又長又直，像一把尺子。她生氣的時候，藍色的眼睛像彈珠一樣睜得圓圓的，臉也漲得通紅。而她高興的時候，則會綻放出燦爛的笑容。

　　阿什克羅夫特執事對發音的要求非常高。她讓我們把每一個音節都讀出來，確保單詞的發音清晰準確。如果有學生讀得含糊不清，或者用上海話的平舌音講英語，她就會讓這個學生一直站著，把這個短語重複幾遍，甚至十幾、二十遍，直到完美為止。經過不斷的重複，「I vehrrr, I vehrrr」變成「I will, I will」（譯按：指「我將會」），「bahzz taa-verrr」變成「bath towel」（譯按：指「浴巾」）。但同時她又非常耐心，不會讓人感到難堪。

　　跟著執事學習完美英語的學生中，最耀眼的明星莫過於大我十一歲的校友張愛玲。她在作品中對上海生活的生動描繪使她成為中國最受歡迎的作家之一。她也是我個人最喜歡的作家之一。

　　我就讀聖瑪利亞女校後不久，學校就遭到日軍飛機的轟炸，因此停課幾週。但當我回想起那段時光，腦海中浮現的不是轟炸造成的破壞，而是和朋友們在格蕾絲廳的樓梯上合唱的場面。當時的我十幾歲，只想單純地享受生活，而我優越的家庭條件為此提供可能。因此，我對聖瑪利亞女校最清晰的記憶不是日本佔領，而是我與最要好的朋友們組成的「八人組」。從學校要求高年級的學生住校起，我們就一直形影不離。

　　由於接受了西方文化，我和朋友們都想取個英文名，為此我從讀過的書和看過的電影中尋找靈感。我給一個朋友起名叫瑪米，那是我在一本美國兒童讀物中看到的名字。多年以後，我為她的女兒取名歐仁妮，一位法國皇后（譯按：Eugenie，拿破崙三世的妻子）的名字。這個人物也是我們從阿什克羅夫特執事那裡瞭解到的。

　　我十五歲的時候，特別喜歡好萊塢電影《魂斷巫山》（Devotion），講的是艾蜜莉·勃朗特〔Emily Brontë，艾達·盧皮諾（Ida Lupino）飾〕和她的姊姊夏洛特·勃朗特〔Charlotte Brontë，奧莉維亞·德·哈威蘭

198

（Olivia de Havilland）飾〕愛上同一個男人的故事。我們在阿什克羅夫特執事的指導下學習這兩位作家的作品──《咆哮山莊》（*Wuthering Heights*）和《簡愛》（*Jane Eyre*）。受到這部電影的啟發，我給自己取名叫艾達（Ida），給我八個朋友中的另一位取名叫夏洛特（Charlotte）。

但是艾達這個名字沒用多久。一年後，我看了貝蒂·戴維斯（Bette Davis）斯於 1940 年主演的《卿何遵命》（*All This, and Heaven Too*）重播，片中她飾演一名成為謀殺案嫌疑人的家庭女教師。她的雇主，一位溫文爾雅的法國公爵，在介紹他的女兒時說：「這匹長腿的小馬叫伊莎貝爾。」從那天起，我就成了伊莎貝爾·孫。

我把每個女孩名字的最後一個字母組合在一起，構思了一個縮寫：「ANEYRETA」：

艾達 Id*A*
蘇珊 Susa*N*
夏洛特 Charlott*E*
雪麗 Shirle*Y*
埃斯特 Esthe*R*
瑪米 Mami*E*
瑪格麗特 Margare*T*
海倫娜 Helen*A*

週末回家的時候，我能一口氣看上兩三部電影。其中最讓我著迷的是《亂世佳人》（*Gone with the Wind*）和《羅賓漢歷險記》（*The Adventures of Robin Hood*）這樣的史詩大片。我至今還能清晰地回想起瑪麗亞·蒙茲飾演的《蛇蠍美人》（*Cobra Woman*）、《榮華富貴》（*Kismet*）中的巴格達宮廷，以及《出水芙蓉》（*Bathing Beauty*）中華麗的游泳場景。在幽暗的劇院裡，精彩的劇情讓我的想像力無限馳騁。我總是急切地期待週日回校的晚上可以在朋友面前重現整部電影或表演我自己編造的故事，直至深夜。

楊其美（Katharine Yang）是我在聖瑪利亞女校小兩屆的學妹，她在《回望聖瑪利亞女校》（*Looking Back at St. Mary's Hall*）一書中分享她對那段時光的回憶：

> 我特別期盼夜晚時分。等大家都睡了，蔣太太巡房熄燈後，我們幾個會偷偷溜進孫樹瑩的房間，聽她講故事。她自編的愛情故事細膩動人，充滿歡樂與悲傷，讓我們為之落淚。樹瑩在這方面很有天賦——可惜她後來沒有充分發揮出來。倒是她的弟弟樹棻成為中國當代的暢銷書作家。
>
> 樹瑩在講完一整夜的故事後，總要睡個懶覺，來不及不去餐廳吃早餐。因為她身材嬌小，可以平躺在床上，不會被早班巡房的老師發現。而我們這些小聽眾，則會偷偷地帶早餐的饅頭回去給她吃。[1]

化學不是我的強項。我們的化學老師為了減輕工作量，想出了一個招。每次測驗後，她都會把我們的考卷收上來，打亂後再重新發下去。然後她會報出正確答案，讓我們給其他同學的多項選擇題打分。如果我們跟考卷的主人要好，就會幫忙把錯誤的答案改成正確的，以提高對方的分數。有一次，瑪米隔著幾個座位向我示意她拿到我的考卷，並會心地對我笑了一下，暗示她會幫我改答案。結果，當她把我的考卷翻過來，發現我一個字也沒寫，簡直傻了眼！

在學校所有的科目中，我最不擅長的還是數學。一次無心之過讓我糟糕的成績雪上加霜，可說是我的「先生街」事件。升十年級的第一天，我陪朋友凱薩琳去餐廳打水，看到茶水架旁有個穿著褐色旗袍、挽著髮髻、相貌平平的女人，我們以為是個阿嫲。凱薩琳跟她說了好幾次「阿嫲，阿嫲，幫我們拿杯水」，她都毫無反應，只是狠狠地瞪了我們一眼。

...

1 譯自《回首聖瑪利亞女校》，徐永初、陳金玉主編（上海：同濟大學出版社，2014）。

幾分鐘後我走進教室，尷尬地發現餐廳裡的那個人不是阿嬤，而是我們新任的數學老師陳小姐。

接下來的高中三年她一直跟我過不去。（當然，她也不喜歡凱薩琳，但我朋友至少還能勉強通過考試。）在那次不幸的會面之後，我做什麼都是錯的。到了高中最後一年，我的數學成績差到幾乎要被退學的程度。正常的及格分數是 70 分，如果考到 60 分可以參加補考，而我的數學分數從來沒有超過 59 分。

最後，院長把我叫到她的辦公室，說：「我這麼多年來，從來沒見過妳這樣的學生，」她歎了口氣，「如果妳的其他科目表現都一般，我倒是能理解，但妳的英語和語文都是全班第一名。妳的數學為什麼老是不及格？答應我這次一定要通過。只要能拿到丁就行！」

因為擔心連丁都考不到，我決定去尋求神明的幫助。我最先想到的是去小教堂唱幾遍聖母頌，但不確定光祈禱是不是有用。於是我把死記硬背數學公式的時間省下來，專心陪著親婆誦經念佛。我還在祖宗牌位前磕了頭，擺了三個橘子。我甚至還想過去找「門角姑娘」，但上次失敗的經歷仍歷歷在目。

雖然我各種臨時抱佛腳，但最終還是沒有考過。在畢業典禮上，我沒能按照學校的提名帶領全班同學合唱《希望與榮耀的土地》，而是要準備參加數學輔導。我的班主任安排聖約翰大學的塔克教授幫我補習，這絕非易事，因為老師們一般都儘量避免夏天去悶熱無比的教室。一連兩個月，每天早上都幾乎只有我和教授兩個人在諾大的講堂裡。頭髮花白、大腹便便的塔克教授像個沒有鬍子的聖誕老人，每次剛進門就汗流浹背。

不知道我倆誰更受折磨，但到了八月底，他終於給了我一個亟需的丁，讓我倆都擺脫了痛苦。我得以從聖瑪利亞女校畢業，並及時趕上在聖約翰大學註冊入學，開始秋季課程。聖約翰大學被譽為中國的哈佛，希望我糟糕的數學成績沒有拖累學校。

聖瑪利亞女校為我安排一個小型的畢業儀式，由樹澄和十位好友在場見證。在那個年代，家長很少參加學校活動。受儒家思想的影響，父

親素來對這種自我標榜的儀式感到不屑,在那年春天姆媽已經去了香港。由於比正常的畢業典禮晚了兩個月,因此天氣分外潮濕悶熱,女孩們搖著扇子,男孩們則很快就脫掉外套。我穿著精緻的白色鏤空旗袍,還戴上紅色的玫瑰花環。夏威夷花環不是中國的傳統,而是為我拍攝這張照片的朋友設計的,他參考了愛埃令夜總會壁畫上那個酷似麗塔·海華絲、穿著夏威夷草裙的女郎。

當時的我沒有預料到接下來即將發生的重大變化。幾個星期內,我所有中西女中和聖瑪利亞女校的美國老師都離開了上海,一去不復返。

芝潔:1949 年,變化的腳步勢不可擋。10 月 1 日,毛澤東宣布中華人民共和國成立,並正式成為國家領導人。

1949 年下半年到 1950 年初,幾乎所有的外國居民都撤離中國,包

括銀行家、傳教士、建築師和商人，他們曾把上海當作自己的家，也協助改造這座城市。超過兩百萬害怕生活在共產主義政權下的中國人也離開了。戰敗的蔣介石和國民黨效忠者撤退到台灣，蔣介石在台灣保留了一個六十萬人的軍隊，希望有朝一日能收復大陸。

終於畢業了

# 木蘭的影迷

「和世界上其他大型城市一樣，上海也為電影而癡狂。雖然中國大部分地區對好萊塢的魅力知之甚少，但上海這座國際化的大都市每年都心甘情願地為銀屏盛宴花費大量金錢。隨著人們對電影的熱情不斷高漲，上海的影院也不斷發展壯大。今日，上海剛剛宣布即將在靜安寺路建造首屈一指的電影殿堂——大光明電影院。」[2]——《中國新聞報》，1931 年

我就是上海諸多狂熱的影迷之一。戰爭和佔領刺激了這座城市對娛樂的需求。1930 年代，上海的電影院如雨後春筍般湧現，其中最奢華的莫過於匈牙利築師鄔達克設計的大光明電影院。這位建築師還設計了中西女中和上海的第一座摩天大樓——國際飯店等著名建築。

我對好萊塢電影的熱愛曾讓我崇拜外國影星。但隨著中國電影業的崛起，我也迷上中國的電影演員，其中我最喜歡的一位是陳雲裳[3]。

陳雲裳成名於 1930 年代末。十六歲時，她在電影《木蘭從軍》中飾演南北朝的女英雄花木蘭。看到木蘭的戰馬猛然急停，奮蹄向上時，我的心怦怦直跳。又見英勇的木蘭揚鞭飛馳間連發三箭，三名衝鋒的蒙古士兵應聲倒地。這是我第一次看到扮成男裝的女戰士形象。這部電影打破當時的票房紀錄，一連幾個月座無虛席，我和樹澄也成了陳雲裳最忠實的粉絲。

此前，我從來沒見過中國女演員穿傳統旗袍以外的服裝，但雲裳經常穿休閒的西式服裝。有一次，她穿了一件紅色印花泳衣和一雙白色高跟鞋參加一個新建泳池的剪綵儀式。炎炎夏日，熱情的粉絲們湧向她所在的高台。她爬上梯子準備逃進附近的一棟大樓時，混亂的人群抓住了

...

2 由 2014 年 11 月 7 日《上海日報》（www.shanghaidaily.com）引用。
3 《電影女王陳雲裳》，陸燕源主編（北京：新華出版社，2001），經唐舒曼同意，對陳雲裳在游泳池故事進行了摘錄。

陳雲裳經常被拍到身著休閒裝

梯子，令她搖搖欲墜。最終，她的保鏢在人群中開出一條道，幫她安全地回到汽車上。

此後，陳雲裳只有員警護送才會公開露面，乘坐的汽車也是從外觸碰就會遭到電擊的特殊車輛。

愛埃令夜總會的六人樂隊，十八歲的樹瑩坐在前排中心位置。
左一是莫洛，右二是小號手馬修．泰永。

# 第十八章
## 哈雷車上的美好時光

　　我十八歲在聖約翰大學上學的時候開始和朋友們去夜總會玩。儘管我們家離上海最大的舞廳百樂門只有半英里，但大人從來不允許我們去。小時候，樹澄和我就被那裡伴隨音樂律動閃爍的霓虹燈所吸引。我們經常看到百樂門在靜安寺路的入口處駐守著憲兵和保鏢，大人們警告我們說，那裡有日本軍官和黑幫光顧。

　　所以我和大學的朋友們更喜歡相對小一些、不太知名的夜總會。此時，共產黨已經執政，大多數外國人逃離上海，但仍有眾多黑社會存在。

　　對我們來說，最重要的是音樂。當我們喜歡的樂隊從一家夜總會轉到另一家時，我們也會跟著去。我們還喜歡用樂隊指揮的名字來指代一家俱樂部。我們百樂門舞廳叫「蒂諾」，大都會舞廳叫「雷麥迪奧斯」，管仙樂斯舞廳叫「洛賓」。1949 年後，大部分的樂手都來自菲律賓。

　　我最喜歡聽現場音樂，尤其是我在廣播和電影中聽過的曲目以及本土音樂家的作品。我們聽得最多的是中國流行歌曲和西方爵士樂，其中

有些還有中文歌詞，我稱之為「上海話版的爵士樂」。

我們不光是聽音樂，還會跳舞。那個年代，人們都很會跳舞，不管是華爾滋、探戈、倫巴，還是森巴、恰恰。我喜歡跟著〈九月之歌〉（September Song）跳狐步舞，跟著〈興致勃勃〉（In the Mood）跳搖擺舞，跟著〈當我們年輕時〉（One Day When We Were Young）跳華爾滋。我的一個男性朋友會在跳葛倫·米勒（Glenn Miller）的〈查塔努加啾啾〉（Chattanooga Choo Choo）這首歌時把我拋到空中。我不知道查塔努加在哪裡，也不知道是什麼意思，但這首歌的節奏很有感染力，當我拉著舞伴的手從他的雙腿間穿梭而出，又站起來的時候，感覺自己是那麼的飄逸輕盈。等樂隊再切換到別的曲子，我和英俊的約會對象相擁而舞時，真的感覺像在天堂。

一天下午，我和親婆去大世界，看到情侶們激情澎湃地跳著探戈。她聳了聳肩，說：「現在的年輕人在大庭廣眾做這些真是匪夷所思。」她沒有想過自己的孫女也經常會跳一晚上的吉特巴舞。

每個星期一和星期二都是最考驗我耐心和情商的時候，因為男孩子通常都在這兩天打電話約我週六晚上出去約會。我會儘量推遲到星期三才給他們答覆，並期望我最喜歡的那個男孩在此之前打電話給我。

我在上海的最後一張照片是在愛埃令夜總會的夏威夷壁畫前拍攝的。這家夜總會在法租界的亨利路上，是我最喜歡光顧的地方。莫洛是那裡才華橫溢的指揮，曾帶領一支十八名菲律賓樂手組成的爵士樂隊。隨著許多客人離開上海，莫洛的大樂隊變成小樂隊，但我很喜歡那種更親密的氛圍。在我經常光顧的日子裡，他們的六人樂隊包括貝斯手莫洛（Moro），還有他演奏長號、小號、單簧管、西班牙吉他、鋼琴和鼓的同伴們。唯一不是菲律賓人的是來自俄羅斯的薩克斯管樂手，他有時還兼任夏威夷舞者。

我最愛的曲目一直是浪漫的民謠〈沉睡的礁湖〉（Sleepy Lagoon），莫洛的樂隊經常為我演奏這首歌，直到我有了自己的〈伊莎貝爾〉（Isabel）。這首歌由莫洛的小號手馬修·泰永（Matthew Tayong）譜曲，由聖約翰大學一位暗戀過我的男同學填詞。從此之後，每次我走進愛埃

令夜總會，樂隊就會停下正在演奏的曲子，開始演唱這首歌。對一個十八歲的少女來說，真是太刺激了！

〈伊莎貝爾〉
每次我看著妳的眼睛，顧盼生輝
就像閃爍的星星
當妳看著我
我會感到一股暖流自腳底傳來
每次妳對我微笑，親愛的，我似乎發現了
深藏在我心中的愛
當我們牽手的時候
其他的似乎都不重要
但幸福的時刻對我來說那麼短暫
因為妳倚在別人的懷裡
我不斷地問自己
現在是誰那麼幸運吻了妳
只要有機會，我就不會放棄
沒有妳的愛，我就像一隻流浪的小狗
總有一天，妳會明白我的愛
致伊莎貝爾，我愛妳

　　一天晚上，馬修正在吹奏小號獨奏的最後一個音符，突然一群面目可憎的男人走進舞廳。與我大學朋友們穿的夾克衫和卡其或亞麻褲子不同，這幫人穿的是深色長衫和緊身三件套西裝。他們敞開著長袍最上面的盤扣，捲起的袖子露出被煙燻黑的手指和俗氣的金玉戒指。

　　沒有人屈尊脫下扣在大背頭上的軟呢帽。這些人一邊大聲喧嘩，一邊亮出成捆的現金，還把雪茄灰彈得到處都是，讓我不禁想起幾天前在《殲匪喋血戰》（White Heat，或譯《白熱》）中看到的詹姆斯·卡格尼和他的黑幫同夥。

此時，樂隊奏起〈伊莎貝爾〉的第一個和絃，我和約會對象起身跳起了狐步舞。當他帶著我轉到黑幫成員的桌旁時，我注意到中間坐著一個女人。她穿著一件栗色的旗袍，開叉開得比我和女朋友們穿得最大膽時還要高。她精緻的五官看起來很眼熟，但很快舞伴就把我帶回我們起舞的地方。

　　過了一會，我去洗手間補妝，聽到有人在我身後輕輕地說：「不好意思，請問您是孫家的三小姐嗎？」我一邊塗口紅，一邊看向鏡中的她。

　　「很抱歉這麼冒昧。」她接著說。她秀氣甜美的臉上精心地畫了妝，但當她仔細打量我時，我不禁注意到她雙眼布滿血絲，還透著黑眼圈。

　　她走到我身邊。「妳出落得真漂亮！」

　　我絞盡腦汁也想不起她是誰。

　　「妳不記得我很正常，」她繼續說，「我們認識的時候，妳大概才八、九歲吧？現在我已經人老珠黃了。」她尷尬地笑了笑，露出一個酒窩，我這才想起她是誰。

　　「我想起來了，妳是金玲，李哥哥的朋友。」發現是她，我很高興。「見到妳真好。妳在凱司令咖啡廳送我的那條粉色圓點髮帶，到現在還繫在我的床柱上。」

　　在我補妝的時候，金玲告訴我，她和李哥哥不幸的婚姻只維繫了短短幾年。他無法忍受來自家人和朋友的壓力和排斥。她閉上眼睛，讓回憶蔓延。「我們分手後，他隨父母一起搬去美國，我就再也沒有見過他。」

　　那天晚上我回到鎮甯路的家時已經快十一點了。爹爹書房的燈光透過格子柵欄照射出來。他像往常一樣在等我平安歸來。我常常把他給我的一切視為理所當然，並努力掙脫家庭的束縛，去探索外面的世界。金玲疲憊的眼神和窘迫的處境讓我意識到，家人對我的保護也許並不是一件壞事。

　　那是我在上海的最後一個夏天。那時我還很純真，在和我的第一任男朋友邁克爾約會，他和我一樣都是聖約翰大學的新生。他黑色的皮夾克、濃密的頭髮和堅毅的下巴，令他在一群穿著藍色校服的年輕人中顯得與眾不同、分外自信。每個週末，他都會來我家接我，帶我去跳舞、

看電影或去餐廳吃飯。但我最難忘的不是這些，而是坐在他的哈雷摩托車後座上那段刺激的時光。

我總是側身坐在邁克爾身後。這聽起來很危險，甚至有些魯莽，但坐在流線型的真皮座椅上，緊緊抱著男友時，我感到前所未有的安全和自由。這種體驗與坐我家的別克或是搖搖晃晃的人力車完全不同。摩托車發動時隆隆的響聲和溫暖的震流讓我興奮不已。我們伴著轟鳴聲風馳電掣，路面從我們腳下幾英寸的地方呼嘯而過。

邁克爾第一次開著哈雷來接我的時候，樹棻抬起頭，驚呼道：「哇！這傢夥是誰？那是 1200 毫升雙缸 FL 吧。哇！不管怎樣，千萬別和他分手！」他狡黠地一笑，對我豎起大拇指。

樹棻通常對樹澄和我的追求者興趣寥寥。見他如此，我不禁問他：「這有什麼特別的嗎？」

十七歲的樹瑩在花園中，穿著姆媽的皮草大衣和高跟鞋，一副大人的模樣，攝於 1948 年。

「不過就是市面上最貴的摩托車之一，沒什麼大不了的。大多數人，比如妳可憐的弟弟，只能買得起 750 毫升。1200 毫升是肌肉版。」他伸出手，模仿擰油門的動作。「這就是為什麼它會發出隆隆的聲音！」

　那是我和弟弟難得興趣相投的時刻。

　汽油已經短缺了很多年。如果有司機能幸運地弄到一加侖的珍貴燃料，就會煞費苦心地一茶杯一茶杯舀到油箱裡。爹爹警告我們千萬不要和機動車上的陌生人說話，因為除了歹徒和幫兇沒人有辦法拿到汽油。邁克爾總能設法弄到足夠的汽油，載著我在城市裡長距離兜風，也不知道他是怎麼做到的。

　一天下午，邁克爾陪我去大光明看星期六的日場電影，放的是當時好萊塢最賣座的《參孫和達莉拉》（Samson and Delilah），由海蒂·拉瑪和維克多·莫圖主演。精彩的劇情和華美的風光，為我和身旁的英俊男孩營造了完美的戀愛氛圍。

從靜安寺路眺望大光明電影院和國際飯店，1937 年。

212

電影結束後，我們在落日的最後一縷餘暉中騎著摩托車穿過擁擠的大街小巷，向東駛向黃浦江。不一會兒，我們就來到了外灘，沿路是風格各異、美輪美奐的建築。在摩托車上，沒有窗戶阻隔風景，迎面吹來的風，帶著東海的鹹味。

　　我們在這裡停了下來，一起看著夕陽五彩斑斕的光束逐漸消失在湛藍的夜色中。傍晚時分，外灘建築的輪廓漸漸模糊，融合在羅馬拱門和哥德角樓中。夜幕的降臨讓我感到些許涼意，邁克爾把車停在路邊，脫下皮夾克披在我身上。他拿出相機，而我為了好玩，穿上他的夾克，戴上他的太陽鏡，擺出騎摩托車的樣子。

　　皎潔的月光和萬盞燈火將黃浦江水點亮成銀色的流光。邁克爾讓我坐在前座上，從後面握著車把開了幾個街區。我們沿著黃浦江畔向前疾馳，把路燈甩在身後，直到車燈只能照亮前方幾英尺的黑暗。

　　我從來沒有體驗過這種既興奮又未知的感覺。如果姆媽、爹爹甚至我的朋友們看到我坐在哈雷上，一定認不出我來。在摩托車上，我發現了一部分隱藏的自我。引擎的轟鳴和身後的疾風似乎把我捲進未知的世界，但我毫無畏懼。

1930 年代的外灘

上海風景圖

# 打麻將

　　麻將，既是中國的國粹，也是生活的隱喻。

　　一百四十四塊麻將牌構成一個充滿象徵意義的宇宙，包含東、南、西、北四風，春、夏、秋、冬四季和梅、蘭、竹、菊四君子等花牌，以及筒（餅）、索（條）、萬三門一至九的數字牌。筒、索、萬均與中國古代貨幣有關，其中筒代表外圓內方的文錢，索代表由一百枚文錢串成的一吊錢，萬代表一百串文錢。

　　亞洲各地都有不同的麻將打法。自 1920 年以來，麻將還受到美國猶太女性的歡迎（不知道是不是有人在上海學會，然後帶回美國）。但不管是香港街邊的折疊桌，還是豪華酒店的棋牌室，奉行的規則都是大體相同的。

　　麻將的玩法類似金拉米，要把手中的牌湊成不同的牌型，可以是三個相同的圖案，如 1-1-1，也可以是相同花色的順子，如 1-2-3。規則和得分可以很複雜，計分由牌型的稀缺性決定。通常情況下，玩家需要記住大約一百種牌型，有些牌型的名字很奇怪，比如同一套花色的 1-2-3-4-5-6-7-8-9 叫「一條龍」，而同一套花色的 5-6-7 叫「三姊妹」。

　　有些人打麻將咋咋呼呼的，喜歡大喊大叫，把麻將牌拍在桌子上，大聲碰撞。上海女人打牌則安靜得多，牌友們心氣平和，一齊控制牌局的節奏。我們會先碼牌，再擲骰子決定誰做莊，然後輪流抓牌，換一換手氣，一局末了再重新洗牌。要打出一手好牌，既要看運氣，也要憑技

巧，每個人都要審時度勢、鬥智鬥勇。

　　憑我在牌桌上六十多年的經驗，我發現麻將很能體現人品。我見過一把豪賭血本無歸的，也見過稀哩糊塗毫無戰略的，甚至還見過為了出千，把不想要的牌藏進香奈兒外套裡的。

　　我年輕的時候，總想贏大牌，所以輸得多。現在的我喜歡穩紮穩打贏小胡，反而勝率更大了。這樣也許賺得不多，但也不會輸得很慘。只有在形勢特別有利的時候，比如已經連贏幾局後，我才會嘗試做大牌，此時往往能做成。

　　八十多歲的時候，我的朋友們都知道我打麻將賺了不少錢，於是問我秘訣是什麼。我的回答是：「隨遇而安，因勢利導」。

二十歲出頭的樹澄

CHAPTER 19
COME FLY WITH ME

# 第十九章
# 天高任鳥飛

　　芝潔：1930、40 年代是中國航空業的繁盛時期。這一方面是因為新成立的航空公司開始發展商業航線，另一方面是因為這些最早的航空公司背靠國民黨政府，又有境外力量支持。中國航空公司由泛美航空公司持有部分股權，中央航運公司則有聯合國善後救濟總署提供注資。

　　當日軍封鎖了通往中國的最後一條陸路補給線路時，美國空軍加入中國民航飛行員的隊伍，為蔣介石和駐紮在中國的美軍運送急需的食品和物資。這條航線西起印度東北部，東至昆明，需要飛越 16500 英尺高的山峰。由於天氣惡劣、缺乏準確的地形圖且無法使用無線電導航，這個號稱「飛躍喜馬拉雅」的任務危險重重。

　　1945 年日本投降後，美國轉而在中國內戰中支持蔣介石和國民黨對抗共產黨。在運送物資、難民和傷員的過程中，排名第三同時也是最年輕的中國民航空運公司被譽為「被襲擊最多的航空公司」。這家公司後來被美國中央情報局收購，用於在亞洲開展秘密行動。

1948 年，樹澄在聖約翰大學就讀最後一年前的那個夏天，在報紙上看到中央航運公司一則招聘廣告。該公司計劃推出亞洲城市間的商業航班，因此貼出空乘招聘啟事。最終三百多名申請者中僅有六名女性被錄用，樹澄就是其中之一。一方面要歸功於她在中西女中所受的良好教育，另一方面是因為她身高五英尺八英寸，是申請者中個子最高的一個。

爹爹不贊成大女兒放棄學業，從事一份他眼中卑躬屈膝的工作，但即使是他也無法動搖樹澄的決心。當時我正在聖瑪利亞女校讀高三，週末回家時，我仍然和大姊一起住在亭子間裡。她每週都有一天要凌晨三點起床，穿上中央航運公司的時髦制服。制服是加內特夫人設計的，而大姊早已不是那個窘迫地在她和胡蝶面前暴露拼接內衣的小女孩。

樹澄和她的同事們，包括機長、副機長、領航員以及另外一名空姐

會下榻於香港半島酒店和東京帝國酒店這樣的高檔酒店。他們乘坐的柯帝士 C46 和道格拉斯 C47 飛機大多由戰時運輸機改裝而成，可搭載四十名乘客。引擎聲非常響，很難禮貌地進行交談，此外還沒有控溫裝置，如果飛熱帶地區就十分難熬。最糟糕的是，頻繁的顛簸常常導致乘客和機組人員暈機嘔吐。樹澄很快意識到，這並不是她所期望的那種光鮮工作，當然她是不會向爹爹承認這一點的。

沒有飛行任務的時候，樹澄經常光顧法國俱樂部。那裡由法國政府部分出資，占地九英畝，有金碧輝煌的舞廳、室內游泳池和草坪網球場，

是整個法租界的中心，也是上海最受歡迎的社交場所之一，會員門檻很高。

法國俱樂部是第一個接受中國會員的俱樂部，而且與英美俱樂部不同，還接受女性會員。儘管如此，想要入會十分不易，候補名單上常年有數百名候選者。樹澄由寶琪阿姨和時任中國銀行上海分行行長的陳長桐姨父舉薦入會。阿姨和姨父經常在法國俱樂部招待我們，在他們舉辦的一次晚宴上，樹澄遇見江晟。他三十歲，離異，畢業於一所美國大學，是一家美資公用事業公司的中國高管。如果說爹爹是他那代人的典型，那麼江晟就是我們這代人的代表。他穿著考究的西服，戴著金絲邊眼鏡，打扮得很得體，平時與外國人工作、社交都遊刃有餘，但性格卻是典型的中國人。

江晟對大姊很著迷，認為她既時尚又務實。樹澄仍然對親婆的嚴格管束造成的童年創傷耿耿於懷，而姆媽離婚後從家裡搬出去又對她造成更深的打擊。二十一歲時，她已迫不及待想展翅高飛了。

樹澄告訴爹爹時對他拋出一連串的問題，大方自信、邏輯縝密，令我十分意外：「您同意我和江晟結婚嗎？如果我去美國完成大學學業，您打算出多少錢？如果我們舉辦一場盛大的婚禮，您又願意出多少錢？」她像出庭辯護的律師那樣一步步引導他得出她想要的結論。「我們結婚時，這些都不需要。您把錢給我們就行。」

幾天後，江晟正式向父親提親。考慮到女兒終於不用在飛機上給陌生人端茶倒水，爹爹欣然同意。儘管這場婚姻看起來很現代──新娘和新郎自由戀愛且無人在意新郎的離異身分，但樹澄還是帶著嫁妝出嫁，一如幾個世紀以來所有的中國女性那樣。

1949年春天，樹菜提著一大箱金元寶來到新郎在霞飛路的家。由此，樹澄開始了她作為江夫人的生活。

江晟繼續擔任美資上海電話公司的副總經理。該公司的所有者──國際電話電報公司──曾在1930年代架設租界的電話網路。江晟負責運營的是當時全球自動化水準最高的系統之一，該系統平均每天要處理五十萬個電話。

1949 年末，共產黨執政幾週後，樹澄陪兩個女友去看手相。三人擠在一間弄堂公寓狹小的客廳裡，桌子對面坐著一個枯瘦的女人，蒼白的面色彷彿蠟像一般。三人依次攤開手掌，給算命的查看。

第一個朋友是一位傳教士眾多子女中的一個，她問自己未來是否會有錢。對方回答：「你一生平順、長壽，會受到很好的照顧。」這位朋友如今年屆九十，仍然精力充沛。我們最近一次聯繫時，她已有十六個曾孫。

第二個朋友嫁給一位夏威夷出生的工程師，但由於與國民黨的關係，丈夫被共產黨監禁，她不得不在夜總會跳夏威夷草裙舞以維持生計。算命的對她的運勢也很看好，「妳正在經歷短暫的波折，但很快就會離開中國，過上更好的生活。」不出所料，幾個月後她移民到美國，境遇確實大大改善。

最後輪到對算命將信將疑的樹澄。算命的同樣端詳了樹澄的手掌，然後又將手拉近，用拇指摸索隱藏的紋路。三人還在耐心等待時，算命的突然鬆開樹澄的手。

「我乏了，」這人說著，搖搖晃晃地從座位上站起來。「今天不看了。前兩位可以把錢放在桌子上，然後請離開吧。」

當三人從弄堂裡出來時，樹澄對這段插曲一笑置之，也不理會朋友們尷尬的目光。「誰信這些迷信的東西？」她說，「是福，何必要算？是禍，還是不知道的好。」

芝潔：1949 年至 1950 年，共產黨執政初期，主要任務在於消除城市的戰時通脹，恢復社會經濟秩序。在農村，毛澤東擁有廣泛的群眾基礎，那裡成百上千的國民黨支持者和土豪鄉紳都逃到海外。而在城市，既有對共產黨持懷疑態度的人，也有將共產黨視為改革派的人。

1951 年，毛澤東在上海發動了制約資本家和鎮壓反革命的「三反五反」運動。「三反」指反貪汙、反浪費、反官僚主義，「五反」指反行賄、反偷稅漏稅、反盜騙國家財產、反偷工減料、反盜竊國家經濟情報。

　　「三反」的既定目標是根除腐敗和浪費，但在某種程度上被用作政治鬥爭的工具。

　　儘管時局動盪，江晟和樹澄還是選擇留在上海。這對新婚夫婦以年輕人無所不能的信念和樂觀主義精神，對共產主義下的前景抱有天真和理想主義的想法。起初，他們的生活方式幾乎沒有改變。新政府盡力拉攏江晟，美國高管離開後，他們需要江晟來維持上海電話公司的正常運營。

　　江晟繼續被重用了一年，剛好夠他培養出一個新政府下的管理團隊。然後一夜之間，江晟的聯絡人變成他的監管者。

　　這些變化徹底顛覆了江晟的三觀。過去所有被鼓勵的：學習提升自己、努力經營企業、以業績為標準進行獎懲，如今都遭到詆毀。隨著時間的推移，江晟自信隨和的外表已無法掩蓋他內心的痛苦。共產黨最終接管了美國在上海設立的所有企業，包括上海電話公司，並解除江晟的職務。

　　江晟和樹澄現已不可能離開中國了。移民需要政府的批准，而這顯然不可能。共產黨剝奪了江晟的權力，但仍然需要他的專業知識。

　　1950 年代初，成千上萬狂熱的革命份子在城市各處開展運動，以賄賂和逃稅等罪名逼迫資本家「招供」。上海電話公司這家曾經是徹頭徹尾的資本主義企業成為最明顯的目標。他們在第一時間沒收樹澄精心裝修的家——霞飛路上那棟地中海風格的房子。夫婦倆被迫尋求爹爹的庇護，回到了樹澄一心想要逃離的家。幾經輾轉，她又回到我倆一起長大

的亭子間。

共產黨的幹部對江晟和他的下屬不斷騷擾和羞辱，最後以四個下屬部門的負責人從公司總部的屋頂跳樓身亡而告終。據估計，「三反」造成近二十萬人自殺，這幾位就在其中。

大姊和丈夫只在亭子間住了幾個月，江晟就在一天半夜因心臟病突發去世，時年三十三歲。

謠言四起，說江晟畏罪自殺。爹爹擔心女婿英年早逝會使家族蒙羞，並引來不必要的關注，於是敦促樹澄儘快搬離。二十四歲的大姊成了寡婦，她認為自己又一次遭到父親的拋棄，從此再也沒原諒他。

　　江晟去世後，樹澄對共產黨來說變得可有可無。1952 年，她獲得批准離開這座城市去了香港，此後再也沒回到上海。

"LOWU" MAIN GATE OF SINO—BRITISH BORDER

中國與當時還是英國殖民地的香港之間的羅湖邊境，1950 年代。

CHAPTER 20
NO TURNING BACK

# 第二十章
## 一去不返

　　1950 年 3 月，我離開上海的那個早晨，天上下著濛濛細雨。三輪車把我送到火車北站後，我在路邊站了幾分鐘，才鼓起勇氣走進人群。候車大廳的入口擠滿了人，他們拎著木製的、皮製的箱子和髒兮兮的包袱，似乎攜帶了全部家當。而我只拎了一個粉紅色的小手提箱，幾乎是唯一輕裝簡行的人。我小心翼翼地把我最漂亮的夏季旗袍裝在裡面，期待在香港見到姆媽後能有三週的時間參加各種舞會和聚會。

　　突然，我感覺到有人把手搭在我的肩膀上，嚇了一跳。回頭發現是阿四，才鬆了口氣。我從家裡出發的時候，廚子說他出去辦事了，我還很遺憾沒有見到他。

　　阿四對我說：「三小姐，我是來確保妳平安出發去香港的。」他不慌不忙地在我頭頂上方打開一把傘，接過手提箱道，「走吧，我帶妳去找端阿姨，再把妳們倆送上火車，好嗎？」

端阿姨是姆媽的好朋友兼麻將搭子。她的女兒唐小腴，英文名戴安，曾是我在聖瑪利亞女校的同學，現已轉學到香港瑪利諾修道院學校。端阿姨是去參加小腴的畢業典禮的，她答應與我坐火車同行。

　　我們發現端阿姨正在售票處排隊等候。她身材苗條，很有風情，腦後梳了一個光潔的髮髻，突出她高高的顴骨。「啊，三妹，妳終於來了，」她說，目光落在我的粉色手提箱上。「咱們得趕緊了，我已經排了一個多小時的隊了。我去安排一下車廂，妳和阿四在這裡等著。」

　　端阿姨斷斷續續地說著，眼睛四處張望。我不知道她為什麼那麼緊張。阿四彷彿看透我的心思，低聲道：「端阿姨不想在此逗留情有可原。妳這次出遠門，也要多留心。」我疑惑地看向他，觀察著他額頭上的皺紋。阿四補充道，「端阿姨的丈夫就是在這個車站被人槍殺的。那時小腴還沒出生。她丈夫叫唐腴臚，所以給你朋友取名叫小腴。」

　　阿四解釋，唐腴臚曾擔任財政部長宋子文的秘書。有政敵下令要暗殺宋子文，決定趁宋子文抵達火車站時行刺，巧的是那天宋子文和唐腴臚穿的都是白色亞麻西服，戴白色巴拿馬草帽。小腴的父親先一步下了火車，結果被刺客誤殺。「別擔心，三小姐，睜大眼睛就是了。這個世界很危險，但妳在香港還是安全的。」阿四把一個白色信封塞到我手裡。「妳爹爹讓我從他的朋友約翰・凱斯維克大班（譯按：指外國大型商貿公司的負責人）那裡把這個取來給妳。他是妳爹爹多年的朋友。」

　　阿四低頭道「他是上海最有權力的外國人，也是共產黨執政後少數幾個留在上海的。妳爹爹說，要是妳遇到麻煩，就把這個拿給邊境的官員。」

　　端阿姨設法安排我們到最後一節臥鋪車廂。雖然很舒適，但那一晚我睡得很不安穩。我摸了摸阿四給我的信封，努力地回想他說的話，為什麼說我在香港可能遇到麻煩？我試圖安慰自己，爹爹若事先知道有麻煩，是不會讓我去冒險的。

　　第二天，天還沒亮我就起床了，火車轟隆隆地向南行駛，經過稻田和貧瘠的土地。人們口中的香港那麼五彩斑斕，可此時我看到的城郊卻

是一片荒涼。

火車顛簸著在羅湖邊境停了下來。那天特別炎熱，我透過布滿灰塵的窗戶看到蒸汽從一座鋼桁架橋旁邊的站台升起。許多乘客在硬座上坐了一夜，迫不及待要下車。我和端阿姨排在長長佇列的最後，沿著隔離中國與香港的帶刺鐵絲網蜿蜒而行。

我們緩慢前進，陽光炙烤著我裸露的手臂。排隊的人們抱怨著英國移民官員的詢問時長。我們前面的一家人靜靜地排練著備答口徑。有幾個人接受詢問後被護送回火車上。我不禁感到困惑和擔心，香港邊境難道不是開放的嗎？

烈日之下，人們無處躲藏。我的絲綢旗袍被汗浸濕，緊貼在背上。「三妹，妳還好嗎？」端阿姨的聲音彷彿從很遠的地方傳來。在毫無徵兆的情況下，我雙腿一軟。端阿姨立刻伸手扶住我的腰，說：「妳的臉色白得嚇人，我叫個人來。」

端阿姨向一名穿著筆挺的米色短褲和及膝襪的英國員警招手。「警官，警官，請幫幫我們。」仍在眩暈中的我不由得感到驚訝：以前從未聽她說過英語。見員警無動於衷，端阿姨大步走過去，把阿四交給我的信遞給他。員警拿著信從上至下仔細打量了一番，看到怡和集團的標誌和信尾簡潔的簽名。

「約翰・凱斯維克，」他睜大眼睛，目光從端阿姨那裡轉移到我身上。「大班……半個香港都是他家的！」他嘟囔著，隨即向一名中國員警揮手示意。「阿峰，快點！幫這兩位女士叫輛計程車。」

第二天早上，在姆媽的公寓裡，我看著她精心化妝的樣子，一下子想起以前的時光。她的梳妝台上散落著我記憶中的那些物件：花露水、亮白罐子的旁氏潤膚霜，還有她的漆器珠寶盒。

她兩年前離開上海後，我們就再也沒見過面。我渴望給他一個大大的擁抱，就像我在電影中看到的美國家庭那樣，但中國人沒有這樣的習慣。相反，她用那雙深茶色的眼睛久久地望著我，然後點了點頭說：「三

妹，妳昨天一路巔簸，看起來倒不憔悴，還跟以前一樣漂亮。就是換了新髮型，不過我也很喜歡。」

我們聊了一會兒家中的兄弟姊妹和我們雙方的老朋友，其中很多都搬到香港。她介紹了想帶我去逛的商店和嘗試的餐館。我則向她彙報我在聖約翰大學第一個學期的學習情況，但沒有細聊，因為她對學業這件事從來就不感興趣。

雖然我們沒有談錢的問題，但看得出姆媽已經適應新的生活。後來我才知道，她搬到香港後沒有從爹爹那裡拿到一分錢，因此她學會了精打細算。

在走廊上，姆媽瞥了一眼我的手提箱，問道：「三妹，妳不會真以為還能會回上海吧？」她的語氣出奇的嚴肅。

「我只有三週的假期，開春還要回聖約翰上課呢。」

「妳還不明白嗎？對於我們這樣的人來說，上海已經不安全了。能走的人都走了。」

這一點千真萬確：去年我有一半的朋友都離開上海。「但是爹爹在等我回去。樹澄和江晟也不會離開。姆媽，妳真應該看看他們在法租界的公寓！」

我母親的表情變得冷峻起來，她接下來說的話像匕首一樣劃破了空氣：「三妹，聽我說。國共內戰，共產黨獲勝。妳回不了上海。妳父親十年來第一次寫信給我，堅持要我把妳留在這裡。」

我想起在窗前目送我的親婆以及告別時神情憂鬱的爹爹，突然意識到，我可能再也見不到他們了，而我還沒來得及向他們、向我的兄弟姊妹、親朋好友和其他所有人正式告別。

「如果真那麼可怕，爹爹和其他人怎麼辦？」我問道，「他們為什麼不一起過來？」

「妳父親沒守好家業——原諒我這麼說。不知道是因為戰爭、運氣、還是錯誤的決策，總之他把錢都花光了。」姆媽扯了扯髮髻中的一縷散髮。「先是付了妳爺爺判付給五姨太的那筆高得離譜的贍養費，然後又付了妳爺爺的天價贖金，之後就不剩什麼錢了。」

姆媽的聲音帶著苦澀。「妳父親和爺爺的資產就只剩下惠中旅館、四馬路上的幾棟房產和一些股票債券了。對他們來說，這些也幫不了什麼忙，能買得起的人早就離開上海了。可以說這些東西已經一文不值了。」

　　離開上海的時候，我滿心歡喜，想著終於能獨自擁有姆媽一段時間。但此刻的她與我日思夜想的那個穿著繡花旗袍，無憂無慮、開朗明媚的母親判若兩人。在她離開我們的那些年裡，我只關心自己的孤獨，卻從沒想過，姆媽在繁忙的社交生活背後，可能也同樣感到孤獨和脆弱。此時我看著面前的她，發現她的頭髮日漸稀疏，眼角也布滿魚尾紋。

　　姆媽直直地看著我，「三妹，如果家裡人都來到香港，誰來養活他們？我當然希望弟弟妹妹們能有更好的未來。但我有什麼辦法？他們都還在上學，爹爹不會讓他們離開的。」

　　母親低下頭，坐到一張長毛絨的扶手椅上。過來一會兒，她的聲音和舉止又變得輕鬆愉快起來，似乎不再悲傷。她站起來，握住我的手。「三妹，妳真幸運，正是適應新生活的好年紀。其他人我們只能走一步看一步了。」

　　「妳會發現，香港在某些方面比上海還要現代。我很多朋友的女兒都在辦公室工作，很體面的。妳的英語這麼好，肯定沒問題。」

　　母親說的沒錯。我離開上海去香港開始新生活的那年才十八歲，和爹爹離開常熟去上海闖蕩時一般大。雖然我仍然經常想起上海，特別是爹爹、親婆和兄弟姊妹們，但我很快就在香港找到家的感覺。從我來這裡的第一天開始，就被這裡的自然美景和都市生活深深吸引：延伸到白沙灘的蔥翠山丘，淺水灣酒店的週日茶會，以及麗茲飯店的深夜派對。晚上回家，如果天星小輪已經停運，還可以乘坐瓦拉瓦拉汽艇穿越港口。此外，我還越來越喜歡香港的眾多美食，有格洛斯特飯店的西點、吉米廚房的俄式牛柳，還有山頂咖啡廳的沙嗲烤肉。

　　那些年，香港的生活成本並不高。我很輕鬆就在花光爹爹給我的經費前找到一份工作。我從小養尊處優中長大，但工作給我很大的滿足感。我用英語與一位澳大利亞的面試官簡單交談後，就被一家外國航運公司

香港風景：港口中的天星小輪和北京路的霓虹燈，1970 年代。

當場錄用。

在上海，除了我們的美國老師，我只和本地人打過交道。而在這裡，我的新朋友們來自英國、德國、荷蘭和葡萄牙。憑過去所學，我能流利地用英語進行交流，相反學廣東話對我來說卻很難。我早已習慣寄爹、寄娘帶著喉音和捲舌的北方話，而鼻音很重、音調起伏的粵語我花了好幾年才聽懂。

幸運的是，許多聖約翰大學的校友和聖瑪利亞女校的 ANEYRETA 好友也搬來香港，我們經常一起打麻將或者晚上出去玩。甚至連我最喜歡的幾個菲律賓爵士樂隊以及珠寶商和旗袍裁縫都先於我來到香港。

大量上海移民的湧入，進一步激發香港積極進取的風氣。有些人帶來資金和設備，建立了大量航運、紡織和工商企業。更多的人則和我一

樹瑩在山頂咖啡廳外，攝於 1953 年的香港。

樹瑩與三位 ANEYRETA 好友在香港打麻將。左到右依次為樹瑩、瑪格麗特、瑪米和夏洛特。

樣，從零開始，白手起家。1949 年共產黨執政後，香港移民潮達到巔峰，人口在十年內增加了兩倍。據估計，從 1950 年春我到達香港，到了 1951 年 6 月，港英政府開始實施邊境管制，其間每個月都有十萬名中國人民流入。

　　和上海租界一樣，香港是在十九世紀第一次鴉片戰爭失敗後中國租讓給英國的。隨著中國的管控越來越嚴格，香港很快就取代上海，成為新的資本主義之都。對融合了英式紀律和中式勤奮的香港而言，這個角色再合適不過。

去香港並不是我的主觀選擇，但我明白要在變化的世界中立足，必須要朝前看，而非沉湎於過去。更何況，我還年輕，正好可以享受前所未有的獨立時光。1952 年，樹澄也來到香港。那時她剛經歷共產黨「三反五反」運動和喪偶之痛。我知道，我們已經沒有回頭路可走了。

一本小學教科書的封面上，紅小兵們手持「紅寶書」。

CHAPTER 21
BROKEN DREAMS

# 第二十一章
## 破碎的夢

　　三個弟弟妹妹長大的上海，與我和樹澄所熟悉的地方大不相同。隨著西方勢力於 1949 年撤離，弟弟妹妹們都不太會說英語，甚至連英文名字都沒有。

　　共產黨執政時，五妹樹荃才十三歲。她跟隨我們的腳步，進入中西女中。這所學校後來轉為一所公立學校，並改名上海第三女子中學。樹荃是我們家唯一有運動天賦的孩子，曾在解放軍籃球隊效力，直到因背傷退役。後來她錄取北京大學，畢業後留在首都。

　　我們最小的妹妹樹玨從小性情討喜，皮膚白皙水靈地像水蜜桃一般。父母離婚時，她才兩歲，我走到哪兒她就跟到哪兒。經樹荃安排，樹玨也考上了北京大學並與她團聚。後來她倆都從事教育工作，樹荃在北京當高中老師，樹玨去天津當大學教授，兩人也都與教師結婚。

　　1958 年，妹妹們剛二十出頭的時候，毛澤東發動大躍進，想透過農

北京大學時期的六妹樹珏，攝於 1950 年代。

北京大學時期的五妹樹荃，攝於 1950 年代。

業集體化和發展勞動密集型產業，應對龐大人口的挑戰。然而，農業生產遭到中斷，具體實施問題重重，疊加連續的自然災害，不僅導致計畫的失敗，還引發歷史上最嚴重的饑荒。據估計，三年裡餓死了大約兩千萬人。

在艱難的環境下，在北京公立學校當老師的樹荃夫婦勉強度日。但對他們來說，相比饑荒，更大的威脅來自 1966 年文化大革命帶來的恐怖與混亂。

從那年夏天開始，樹荃漸漸熟悉紅衛兵揮舞木棍搗毀文物、焚燒書籍，以及知識份子被遊街示眾、接受批鬥這樣的瘋狂場景。當受害者是陌生人時已足夠令人不安，如果受害者是熟人，就更讓人不寒而慄了。

一個特別寒冷的早晨，樹荃走過天安門前懸掛的巨幅毛主席畫像。幾個月前，主席曾在天安門城樓上接見數百萬名手揮「紅寶書」的紅衛兵。從那時起，樹荃就習慣於走在寬闊的長安街的另一邊，這樣她感覺

安全一些，即使需要避讓廣場外川流不息的自行車，她也不想離畫像中那雙凝視的雙眼太近。

由於頻繁的造反和零下的氣溫，街上行人寥寥。樹莖在刺骨的寒風中，看到遠處的紅衛兵正在廣場中心附近折磨一個跪著的人。那人一動不動，彷彿小腿在地上結凍了。

當她走近時，樹莖驚詫地發現那是她以前的同事，去年剛轉到另一所學校當歷史老師。以前他體型微胖，總是一副天真爛漫、無憂無慮的樣子。此刻，她幾乎認不出面前被毆打的這個人。他蓬亂的頭髮上結了冰晶，融化後沿著他凹陷的雙頰滴落，一張潮濕的紙板掛在他的胸前，上面化開的大字憤怒地控訴著他的罪行。

其中一個紅衛兵用棍子戳了戳他，喊道：「你看那位同志都在看你，你丟不丟人。」

所有的目光都轉向樹莖。

此刻，她很想逃跑，但立刻抑制住衝動，因為她知道，把注意力引到自己身上，哪怕是無意的，也容易惹上麻煩。此時此刻，即使是對施虐者表示最輕微的反對或者對受害者表示最絲毫的同情，都可能被歸為同類。樹莖忽然想到這種事情發生在「受命於天，安邦治國」的天安門是多麼的諷刺。毫無意義的迫害固然可怕，但更可怕的是她內心深深的無助感，她感到靈魂都被這種無助感吞噬了。

樹莖深吸一口氣，拽緊薄大衣的領子，強迫自己目不斜視、不慌不忙地走回教師宿舍。

直到下午朋友到訪，樹莖才終於放鬆下來。這位朋友也是上海人，小時候住得離我們家不遠。她們每月見一次面，把按計畫分配的食物湊在一起包餛飩。雖然一共也只有幾小塊帶軟骨的豬肉，但這頓餛飩兩人吃得津津有味。樹莖已經習慣用大白菜這種冬季唯一的蔬菜來改善不寬裕的伙食。

在破舊的公用廚房裡，樹莖和朋友端著碗在昏暗的角落站著吃，刻意與房間唯一懸掛的燈泡保持距離。鄰居們進進出出，準備著飯菜。兩人小聲地聊著天，一起回憶往事並交流親友近況。這是樹莖難得放鬆的

時刻。她還不到三十歲，鼻子微微上翹，一副孩子氣的面孔，額頭卻已經生出許多皺紋。

她的同伴一邊吃著餃子，一邊悄悄地把一件東西塞進樹荃的口袋裡，在她耳邊低聲說：「樹荃，這是我哥哥今早從上海帶來的。」她安撫似地輕輕拍了樹荃的胳膊，使她不禁緊張起來。「等妳一個人的時候再看。他幾天前在《解放日報》上看到這張照片，然後偷偷帶到北京。」

樹荃回到房間後，打開報紙，認真辨認那張模糊的照片，感到愈發緊張。照片中，一群狂熱的紅衛兵圍著一個跪著的男人大吼大叫，其中一些不過九、十歲。那男人戴著一頂白色的高帽，身體前傾，雙腿向後，身體扭曲成Z字型，十分窘迫。雖然姿態屈辱，男人挺直的腰板卻似曾相識。當樹荃看到他脖子上掛著的牛軛狀的標語時，血液一下子凝固了：「孫伯繩，地主惡霸，收租數百萬。」

我們的父親成了毛崇拜者們最新的迫害對象。

紅衛兵們把爹爹那張刻著精緻雲紋的紫檀桌拖到大街上，讓他跪在上面。過去他只有在祭祖時才磕頭，如今他已經七十二歲，卻跪著被一群年輕的暴徒批鬥，多荒謬！

樹荃想到爹爹像國家公敵一樣被畫成諷刺畫，心都碎了。他現在是在監獄還是在哪裡？有沒有受傷？是生還是死？由於沒有電話，只有不穩定的郵政系統，還有被審查的風險，她幾個星期甚至幾個月都沒有辦法瞭解情況。

芝潔：在災難性的「大躍進」之後，毛澤東為鞏固政權而發動十年的文化大革命。他號召數百萬年輕人加入紅衛兵，以肅清革命隊伍的名義進行暴力的階級鬥爭。數以百萬計的人開始學習「紅寶書」中的文章和警句，其中不乏可以背誦上百條語錄的。掃除一切「舊風俗、舊文化、

舊習慣、舊思想」的「破四舊」運動把年輕人變成大規模恐怖活動的工具。毛澤東宣稱資產階級思想已經滲透到政府和整個社會，並藉此戰勝政治對手，但也造就一段混亂無序、毫無法紀的時期。

紅衛兵打著「破四舊」的旗號橫掃全國，他們燒毀古籍和藝術品，洗劫博物館，搗毀寺廟，還給商店、街道更換新的店名和路名。連公園和後院的綠地都被貼上修正主義毒草的標籤，予以剷除。

對文化的攻擊很快演變為對人的攻擊，知識份子和資本家首當其衝。共有九類人被劃分為「階級鬥爭」的對象。我們家是地主成分，排在榜首，比漢奸、反革命還要惡劣。九類人依次為：

地主
富農
反革命
壞分子
右派
漢奸
外國特務
資本家
知識份子

在這場浩劫中，有數百萬人受到波及，無人可以倖免。連黨派內部和領導高層都牽涉其中，對高級官員的大規模清洗和對毛的個人崇拜到無以復加的程度。

由於毛的言論可以自行解讀，造反派和個人紛紛利用口號報復仇家，騷擾、囚禁和關押所謂的「人民公敵」。許多受害者事後表示，為了避免被凌辱致死，他們不得不違心捏造出一些罪行。

樹荃在為父親的命運憂慮的同時，慶幸還沒有人注意到她自己的階級背景。作為一個地主、商人和學者的女兒，她知道自己一不留神就會成為激進革命分子的目標。更何況，她本身就是一名教師，一個知識份子「臭老九」。

　　樹荃能夠躲過劫難，一方面是因為運氣，一方面或許是因為她生性低調。母親、樹澄和我都很注重穿衣打扮，而樹荃不一樣。她成長於毛澤東時代，深知要生存下去，必須融入集體、謹言慎行。

　　在樹荃任教的學校裡，女校長被紅衛兵剃成「陰陽頭」，還被打上公敵的烙印。第二天，當紅衛兵衝進樹荃的教室時，她高二班級的學生把她圍在中間，與紅衛兵對抗，使她免遭相似的命運。

　　然而，革命動亂還帶來間接的災難，經濟形勢一片混亂。由於居住環境狹小、孩子無人照看，樹荃夫婦不得不把子女交給親戚撫養。他們把小女兒送去上海和爹爹一起住，把兒子送去蘇州給樹荃的公婆照看。後來，他們的兒子親眼目睹年邁的祖父母被紅衛兵打死。

　　焦急地等待幾個月後，樹荃終於打聽到爹爹的情況。

　　在支付了爺爺的綁架贖金和五婆婆的離婚調解費後，我們家的錢財幾乎耗盡。爹爹有近二十年的時間完全依靠房租收入生活。1956 年，政府沒收他所有的私人財產和資金，並對他剩餘的資產——惠中旅館、四馬路的房產和鎮甯路的房子——進行估價，共計一百三十萬美元（相當於今天的一千兩百萬美元），遠低於此前的估值。據此，他們計算出每月五百三十美元的生活津貼，父親必須靠這筆錢養活自己和十四個家庭成員及下人。有七名傭人自願留在我們家，因為那裡對他們來說也曾是避風港。在我們家光景好的時候，他們付出辛勤的勞動，此時爹爹雖然已經負擔不起，仍然覺得要對他們負責。

　　1966 年文化大革命開始後，爹爹被命令搬到餐廳，那個曾經擺放雕花水晶酒具和銀製大燭檯的房間，這樣其他空間就可以讓給二十個左右

的陌生人。於是，最後一批忠實的傭人也不得不離開，其中就有為我們家操勞了四十二載的管家阿四。

爹爹因為害怕出事，把心愛的藝術品都收了起來，結果還是被文物部門悉數沒收。

隨著紅衛兵的遊行和迫害在全國範圍內不斷升級，有人打報告說我們家曾經有個裝滿黃金的倉庫，由於我們已經沒有其他房產，黃金一定就藏在我們家的牆壁裡。於是，十多名紅衛兵輪流在牆上鑽孔敲洞，一連好幾天，最終當然一無所獲。

爹爹的處境不斷惡化，他的最後一次磨難是因一個七歲男孩而起。男孩家住在我以前的亭子間裡。一天，他溜進我父親的房間，發現焐飯煲裡藏了一張被反復折疊的紙，於是交給他十幾歲當紅衛兵的哥哥。

這張被當成罪證的紙是爹爹寫的一封信，內容類似於對過去生活的輓歌。他沒有寫給任何一個特定的人，甚至沒有打算讓其他人看到。從被綁架的父親到尚在繈褓中的外孫女，爹爹為四代人提供庇護，但在生命的最後幾年，他自己卻無處可逃、無人求助。在這個天翻地覆的世界裡，這封信是他發洩自己無力感和困惑感的一種方式。

因為這封信，紅衛兵開始搜查我們家。幾分鐘之內，他們就找到爹爹捨不得上繳或銷毀，因此分了幾處隱藏的收藏品。

就這樣，一個星期後，樹荃在昏暗的螢光燈下拿著一張皺巴巴的報紙仔細辨認。當她意識到照片中那個戴著白色高帽、姿態扭曲的男人是我們的父親時，瞬間雙腳癱軟。

考慮到爹爹年事已高，而且監獄裡人滿為患，紅衛兵將他關押在看守所。每天，他都要給不識字的看守大聲朗讀報紙。由於沒有足夠的食物，他只能忍饑挨餓。幾個月後，爹爹就瘦得皮包骨頭。因為擔心他死在看守所，他們把他送回家軟禁起來，並給他分配了掃大街的工作。他們臨走前還說：「沒讓你掃公廁算你運氣好。」

此時，爹爹的身體因這次監禁和前些年遭受的磨難而變得一日不如一日。幾個月後，他中了風臥床不起，一躺就是兩年，直到1969年去世，享年七十五歲。

樹荃發給我一封簡短的電報，告知父親去世的消息。當時是排外情緒最嚴重的時候，任何人都不允許隨便出入境，所以我無法從香港回上海奔喪。而樹棻作為我們新的一家之主，即便整個童年都在為祭拜祖先做準備，也沒能參加爹爹的追悼會。因為此時他既不在上海，也非自由身。

共產黨執政後，樹棻幾乎立刻成為目標。雖然他獲得法律學位，但他的工作單位不允許他從事法律相關的工作。最終他被派到中學去教思想政治，這對一個不問政治的人可謂是最諷刺的懲罰。在整個大躍進期間，他都在農村挖防空洞、給煉鋼爐生火。

文革期間，樹棻因頑固抵抗招致不計其數的批鬥和折磨，單獨監禁一關就是幾個月。小時候，他幾乎每天都挑起事端，和男孩子們打架；成年之後，他更是對乳臭未乾的紅衛兵發起的挑釁忍無可忍。在這場浩劫中，妹妹們選擇低頭做人，而樹棻選擇反擊。他拒絕鸚鵡學舌地重複政治口號，也不寫人們習以為常的空洞檢討和自我批評。他先後三次被打到昏迷，但還是活了下來。隨著十年浩劫接近尾聲，樹棻天生的儒雅變成激烈的叛逆，黑暗獸性的眼眸中充滿桀驁不馴。

據估計，在毛澤東任期內，勞改、暴力和饑荒奪走四千萬人的生命。1976年毛澤東去世後，「十年動亂」終於宣告結束。當樹棻與其他成千上萬的人獲批返回上海時，他的住房和工作都沒有著落。最終，在文革期間關閉的學校再度開放，樹棻也恢復教職，但此時他有更想做的事情。

1978年春節，樹棻從農村回上海兩年後，去蘇州這座以絲綢和園林著稱的城市度過他人生中的第一個假期。白天，他沿著湖邊騎自行車。晚上，就找當地人聊天，吃點瓜籽和花生當晚飯。他聽這些人講自己的經歷，也聽親婆喜歡的說書。畢竟，評彈說書是蘇州一絕。

就這樣，爹爹提供的教育以及我們從小讀過的書拯救了樹棻。

樹棻回到上海後，每天一下班就開始不停地寫作。他花了三個月的時間手寫三十二萬字，完成自己第一部長篇小說《姑蘇春》。這是一部以抗日戰爭為背景的諜戰小說，講述了一名軍醫去蘇州為抗日部隊買

樹棻，攝於 1970 年代後期。

藥，在遊擊隊戰士的幫助下，與日本憲兵、汪偽軍隊和漢奸交鋒的故事。

　　此時，中國的政治氛圍已逐漸寬鬆。六年前，尼克森訪華打破了中美之間二十五年的堅冰。《姑蘇春》在 1978 年 10 月出版時，是當時最早脫離宣傳文體的圖書之一，也是後毛澤東時代最暢銷的小說之一，兩年內就賣出一百多萬冊。而每售出一本書，樹棻就能獲得九角五分錢（相當於十五美分）的版稅。

　　經歷了流放和迫害的樹棻不僅活了下來，而且煥發出新的生命力和創造力。他的讀者在閱讀了二十多年的政治讀物後，渴望看一些輕鬆愉快的文學作品。這本書的成功改變了樹棻的生活，他辭去教師的工作，成為一名職業作家。《姑蘇春》在許多廣播電台連播，被改編成連環畫、說書和電影，還連續好幾年登上了上海市教育局的推薦閱讀書單。

　　在二十多年的時間裡，樹棻出版了五十五本小說和傳記，其中大部分都以我們青春時代的上海為背景。雖然他寫了爹爹、爺爺和太爺爺的

傳記三部曲，但他從未寫過自己的回憶錄。他喜歡寫懷舊的作品，但不喜歡回憶曾經痛苦的時光。

到了 80 年代，樹菜已經成為全國知名作家，經常參加國內外作家研討會，並擔任上海市作家協會理事。他的生活兜兜轉轉回到了原點。從一開始，因家庭出身而被批鬥為階級敵人，到最後，能夠盡情回憶童年時光，甚至如他自己所說，從我們家族殘存的榮耀中受益，重獲新生。樹菜的平反正好趕上人們對老上海產生懷舊之情的時候。他以滿頭白髮和敏銳觀察為人所知，人們稱他為「老克拉」、上海最後一位「舊式貴族」。

對於我們家族在毛澤東時代的命運，樹菜看得很開。他總說「樹大招風」，意思是人出了名或有了錢就容易惹人注意，招致麻煩。他還認為「富不過三代」，即第一代人創造財富，第二代人不知珍惜，開始揮霍，第三代人嬌慣放縱，淡漠無能，終將失去一切。的確，在共產黨執政後，我們認識所有留在上海的人都失去了一切。

菸不離手的樹菜在 2005 年死於肺癌，享年七十三歲。儘管親婆付出巨大的努力，她最深的恐懼還是成為現實。她唯一的孫子樹菜沒有結婚，也沒有生子，孫家再也沒有男性子嗣祭拜祖先了。

不過，雖然樹菜未能履行傳宗接代的使命，但他還是以自己的方式延續家族的榮光。他將自己所有著作的初版和多份手稿捐贈給我們祖籍所在地常熟的市政府永久收藏。既然我們家族富三代的歷史已成過往，想必 1958 年去世的親婆也會認可這一做法，因為這不僅是我們家族的遺產，也是對被忘卻的歷史的紀念。

润禅老人八十岁小影

丙申四月初三日攝於蘇

州拙政園寄贈

樹瑩孫女

右頁照片背面孫伯繩的親筆字跡

# 遊園

芝潔：拙政園是一座精美的蘇州古典園林，其歷史可以追溯到十二世紀。全園占地十二英畝，其中水體幾占一半。園內溪流池塘縈繞、小徑起伏蜿蜒、亭台樓閣掩映，景色猶如天然畫卷，給人以淡泊寧靜、開闊疏朗之感。拙政園還以學者們珍愛的太湖石聞名，峭石當門，群峰玉立。

我在八十歲那年，帶子孫們回國，去蘇州參觀了拙政園。1958 年春天，爹爹也曾陪親婆來這裡慶祝她的八十大壽。

走到遠香堂的時候，我給孫子們拿出一張老照片，那是親婆生日當天，在此處的盆景前拍攝的。她看起來健康平和，很難想像幾個月後便

親婆張潤禪，由爹爹孫伯繩親攝於 1958 年 4 月 3 日。

在睡夢中去世了。我很慶幸她沒有經歷文化大革命的動亂，更沒有看到她兒子身上發生的悲劇。

　　海棠如霞似錦，連翹滿枝金黃，在垂柳的映襯下如煙花一般綻放。想到親婆在這裡度過她的最後一個生日，並欣賞同樣的美景，我的內心感到深深的平靜，一如小時候在她身邊，看她用纖細的手指撥弄念珠那般。此情此景下，把她介紹給我們家族的下一代，再合適不過了。

參觀拙政園。從左到右依次為親婆的曾外孫、樹瑩的兒子趙之仁、趙之浩，
接著是趙之浩的大兒子趙康嘉、妻子安，還有二兒子趙康裕。

趙梅溪，我未來的丈夫，1940 年代攝於南京。

# 第二十二章
## 安全的港灣

　　1955 年，我在香港薩沃伊酒店擁擠的舞池裡第一次瞥見我未來的丈夫。他身穿一件白色亞麻外套，肩膀寬厚，很有魅力。後來才知道梅溪是聖約翰大學的畢業生，比我大八歲。我們倆在香港還有很多共同的上海朋友。他和我的其他追求者不一樣，從不奉承或縱容，反而使得他更吸引我。

　　他的父親白手起家，當上紡織廠經理，後來因吸食鴉片失去了所有，那時梅溪才上高中。他好不容易靠自己的努力讀完大學。有一次，他鼓起勇氣約一個漂亮女孩喝茶，身無分文的他決定賣掉自己的派克筆，但在當鋪裡轉了三圈後，他改變主意，沒有赴約。他心想，這當筆的錢才夠跟她約會幾次？

　　梅溪在上海的時候交了很多美國朋友，還曾為美國軍方做過翻譯。1949 年夏天，國民黨不斷撤退，外國人紛紛撤離上海。梅溪意識到，一

且共產黨掌權，自己就會因與美國的關係而深陷危險。但問題是他沒有錢買離開上海的船票。

他最親密的朋友之一，美聯社記者約翰・羅德里克（John Roderick）準備坐船離開的時候請他幫忙送行。走的時候，約翰遞給梅溪一個皺巴巴的紙袋，說：「我估計你用得到。」裡面裝著七百美元，相當於梅溪幾個月的工資，足夠他前往香港開始新的生活。

我們相識八個月後就在聖德肋撒教堂結婚了。梅溪的伴郎是約翰・羅德里克，而我的伴娘是端阿姨的女兒唐小腴，兩人都與我們各自離開上海的經歷有關。我的裁縫也是從上海來香港的，他用比利時花邊和手工珠飾為我量身訂製婚紗禮服，完美貼合我十七英寸的腰圍。「約翰叔叔」後來成為我們大兒子趙之浩的教父，直到 2008 年去世之前都是我們一家的親密好友。

1956 年樹瑩和梅溪在聖德肋撒教堂舉辦婚禮。
約翰・羅德里克擔任梅溪的伴郎，唐小腴擔任樹瑩的伴娘。

舉辦婚禮的時候，我還在半島酒店負責國泰航空公司的機票預訂業務。我們在半島酒店的舞廳舉行婚宴時，我的老闆送給我們一張去台北、

左：1956 年，樹瑩第一次坐飛機，看起來很放鬆。右：樹瑩夫妻在東京度蜜月。

東京和大阪度蜜月的往返機票。當時我二十五歲，那是我第一次乘坐飛機。

後來，梅溪創辦了香港最早的國際廣告公司之一，而我在美國總領事館的美國新聞處（簡稱 USIS，即美國新聞署的海外分部）找到一份工作，並在那裡待了三十多年。1960 年代到 70 年代，中國內地幾乎不允許外國人進入，於是美國駐香港領事館就成為觀察中國的據點。在冷戰期間，美國新聞處被視為美國的宣傳機器，負責「向世界講述美國的故事」，以應對共產主義蔓延的擔憂。

或許我的上司們曾接手過政治或情報相關的任務，但我本人從未參與。作為文化事務專員，我的主要職責是推動文化教育交流。其中一項重要工作是落實美國國會創立的富布賴特計畫（Fulbright Program），為最優秀、最有前途的學術人才提供資金。除了篩選學者的研究和教學撥款申請，我還負責運營一個演講項目，邀請演員柯克・道格拉斯（Kirk Douglas）、電影《陰陽魔界》（*Twilight Zone*）的創作者羅德・塞林（Rod

Serling）以及以輕質圓形穹頂出名的未來主義建築師巴克敏斯特·富勒（Buckminster Fuller）等知名人士到香港演講。

多年以後，我得知上海有關部門曾基於我就職美國領事館一事，並對我的家人進行審訊。對此，爹爹表示「嫁出去的女兒，潑出去的水。她與我們已經沒有關係了。」試圖撇清我與家庭的聯繫。他這麼說是身不由己，我對此完全理解。如果因為我而為他們製造更多的麻煩，我會無比愧疚。

1950年代末，爹爹財產被沒收後曾向我求助，換作以前這絕無可能。我在香港找到一家雜貨店，可以每個月給上海寄包裹。想到他連大米和醬油這些生活必需品都沒有，我寢食難安。此外，我還定期給他寄錢，但每次都是非常小的金額（相當於幾美元），以免引起審查人員的注意。

樹瑩、梅溪和孩子們的合影，攝於1965年。從左到右依次為趙之仁、趙芝潔和趙之浩。

審查制度有利有弊。它減少了我和家人之間的資訊和情感交流，但也掩蓋了他們遭受痛苦的細節。爹爹一方面向我表達家裡有多麼依賴我寄去的生活用品，一方面又對尋求經濟支援感到深深的羞愧。我總是給他回信，讓他千萬別在意。

婚後不久，我和梅溪就發現我們在很多地方都性格迥異，常常要把對方逼瘋。他喜歡運動和戶外，而我的鍛煉僅限於在麻將桌上。梅溪心腸很好，但承認自己不是樂天知命、隨遇而安的人，他也曾告訴我他最欣賞的就是我樂觀的性格。不過，這並沒有妨礙他創辦香港最成功的廣告公司之一。當然，我們兩個都非常愛孩子，也願意為孩子傾情付出，這成為我們感情的重要紐帶。我們的三個孩子之浩、之仁和芝潔於1956、1959 和 1962 年相繼出生。

除了當好母親，我還全心全意投入到工作中。這是我自己都沒想到的，畢竟我學生時代就不算勤奮。1968 年春天，我參加為期六週的美國考察之旅，同行的還有來自德國、印度和突尼斯等美國駐外使領館的大約十名新聞處專家。我們行程的最後一站是華盛頓特區，其中最重要的一場活動是紐約州參議員羅伯特・甘迺迪（Robert F. Kennedy）舉辦的招待會。那年他四十二歲，意氣風發，是全場個子最高的人，在我們中間顯得鶴立雞群。

那天我穿了一條綠色的絲綢旗袍，搭配一件刺繡外套。當他俯身和我握手時說：「儘管中國現在大門緊閉，不歡迎外面的世界，但您今天的著裝就像一件別致的宮廷美玉，彷彿是來自中國的禮物！」

兩個月後，他在洛杉磯參加美國總統競選時遭到暗殺。得知此事，我很難過。

我與美國外交部以及香港本地的同事們相處融洽，並從工作中獲得極大的滿足感。我和姆媽一樣，一直追求時尚，並熱中於嘗試最新的潮流，賈桂琳・甘迺迪風格的短裙、闊腿褲、誇張的幾何圖案以及必備的「蜂窩頭」都不在話下。不過，在特殊場合，我還是會穿回中式禮服──我的廣東朋友稱其為長衫，而我仍然稱之為旗袍。

我和父母一樣，也請人照看孩子、承包家務。有了住家保姆和司機

左：樹瑩於美國駐香港總領事館的台階上。那裡是樹瑩工作三十多年的地方。
右：1968 年春天，樹瑩（照片右一）於參議員羅伯特‧甘迺迪在華盛頓特區舉辦的招待會上。

的幫助，實現工作和生活的平衡變得輕而易舉。不過，我和梅溪只要出去參加晚宴，都會先和孩子們在家吃個早晚飯，週末也總是陪在孩子們身邊。最終沒能克服的只有我的起床氣！

我覺得梅溪和我彼此互補，是一個不能分割的整體。我們喜歡一起參加社交活動，也逐漸接受彼此興趣愛好的差異。我還是經常和女朋友們打麻將，而他則不時和朋友們打網球或者高爾夫。不曾想，退休後我們竟然有了共同的愛好——唱卡拉 OK。我們和好友們一起縱情歡唱，回味我小時候在收音機裡播放的那些爵士樂和流行歌曲。

梅溪先後三次戰勝癌症，直到 2012 年去世，享年八十九歲。和大多數夫妻一樣，我們在五十六年的婚姻生活中經歷了磕磕絆絆，也穫得巨大的幸福。他一直是個很有責任感和自我要求的人，而我則持續放飛愛玩的天性，我們各自發揮所長，一起將三個可愛的孩子撫養成人。我們的婚姻很美滿，從各方面來看，都是圓滿的一生。

樹瑩與梅溪的合影，攝於 1980 年代。

一開始我很想念梅溪，也花了很長的時間適應一個人生活。直到有一天，芝潔告訴朋友，我在八十歲高齡找到一份新的工作，每天工作八小時，一週工作五天，而工作的內容就是——打麻將。忙碌了一輩子，如今我終於有了足夠的時間。

命運擊碎了爹爹的夢想，但也賜予我自由和機遇。而弟弟妹妹們，則在艱難的環境中磨煉出「吃苦」的生存技能。

我們最小的妹妹樹珏在中國生活一輩子，作為兄弟姊妹中最膽小、最循規蹈矩的一個，她似乎天生就適合國內的意識型態。儘管她和丈夫都是著名的化學教授，但他們每個月的工資只有六十元人民幣（不到十美元）。除了我之外，她是唯一婚姻幸福長久的。六十三歲那年，樹珏因病突然去世，她的丈夫傷心欲絕。她是我們兄弟姊妹中第一個走的。

多年來，我的兩個妹妹在困境中相互扶持，即使生活艱辛，他們還是把子女很好地養大，如今個個都很有出息，這讓我深感欣慰。

樹瑩與梅溪在家裡唱卡拉 OK

樹瑩在香港淺水灣生活了五十多年

左：杜本內乘坐希臘船王奧納西斯的超級遊艇「克莉絲蒂娜‧奧」號，攝於 1955 年。
右：樹澄在巴黎，攝於 1960 年代。

　　樹澄從小就比我積極進取、有條不紊，更適合當女主人或全職主婦，但沒想到她的一生過得比我更飄忽不定。1950、60 年代，大姊一路漂泊，愈加遠離我們的故土。她在香港住沒多久，就搬去台北，後來又因一段短暫的婚姻搬到美國貝芙麗山莊。之後，她還陸續旅居紐約、日內瓦、巴黎和馬拉喀什。

　　樹澄在聯合國紐約總部擔任導遊的時候，認識了傳奇人物安德烈‧杜本內（André Dubonnet）。他比她大三十歲，只比我們的父親小三歲。他是杜本內酒業帝國的繼承人，屬於巴黎的上流社會，還曾是一戰中的王牌飛行員、奧林匹克雪橇運動員和賽車發明家。

　　杜本內有過四段婚姻，但始終沒有與樹澄結婚。如果不是樹澄生下他唯一的兒子安尼賽特，或許二人早就分道揚鑣了。作為驕傲的父親，杜本內把樹澄和兒子安置在巴黎蒙田大道上一套時髦的公寓裡，對面就

是雅典娜廣場酒店，可以眺望埃菲爾鐵塔。不過，兩人的關係最終還是走到盡頭，兒子歸樹澄撫養。那年，安尼賽特七歲。作為獨生子，他與母親關係很親密，長大後成為一個富有同理心和敏銳觀察力的年輕人。2015 年，安尼賽特寫給他的表妹芝潔的信中寫道：

> 「我父親開飛機、玩賽車、射擊、划船，花天酒地，玩得不亦樂乎。他有資本、也願意追求這些。他對我而言是個好父親、好朋友，而且交友甚廣。
>
> 父親不願意和我母親結婚，這導致後來種種的問題。他觀念守舊，不願娶一個中國女人為妻。（我在巴黎長大，除自己之外只認識一個歐亞混血兒。）相反，他娶了多年來任勞任怨的美國名媛女友，幫助他爭奪我的監護權。
>
> 我很同情母親，因為她一輩子很不容易，從某種意義上來說，她所過的恰恰是她竭力想要擺脫的生活。她和男人的關係重複了她父母的婚姻模式。而當男女雙方想要傷害對方時，夾在中間的孩子就淪為工具。
>
> 我去了寄宿學校以後，母親變得更加孤獨。想到她從來沒有快樂過，我內心也很痛苦。」

1970 年，樹澄和安尼賽特回到香港定居，姆媽和我都很高興。安尼賽特回到歐洲去瑞士上寄宿學校後，樹澄和杜本內冰釋前嫌。由於得罪了法國稅務當局，杜本內把巴黎的房子賣給摩洛哥國王，摩洛哥國王又送給他一塊馬拉喀什的優質土產。樹澄去馬拉喀什住了一段時間，幫杜本內開發那塊地產，但最終也沒有搞出名堂。杜本內於 1980 年去世，享年八十三歲。據《時代》雜誌報導，他已幾乎破產。

安尼賽特在日內瓦成為一名金融家，他建立了自己的美滿家庭，在各方面對樹澄都恭順孝敬。

樹荃曾經說過，「不要有夢想。沒有期望，就沒有失望。」但歷經

幾十年的艱辛曲折後，樹棻和樹荃還是各自找到了新的夢想和追求。樹棻通過寫書編織夢想，而樹荃則在四十七歲時離婚並移居香港，開始她新的生活。

姆媽和樹澄在香港一起生活了十多年後，1980年代搬去和樹荃同住。那時樹荃剛離開北京，成為一名普通話教師，再度開始為自己和兩個孩子的生活打拚。在我們姊妹幾個的共同努力下，姆媽過得穩定舒適，直到1988年因未確診的胃痛去世，享年七十九歲。

我小時候經常惹惱樹澄，但長大後，我們變得形影不離。直到八十多歲，我們還幾乎每天都打電話。隨著時間的推移，樹澄變得越來越離群索居。她常常在電話中告訴我，我是她那天唯一與外界的聯繫。2015年的某個清晨，警方發現我大姊在公寓裡已無生命跡象，由於安尼賽特在海外定居，他們打電話給我。那天離她八十八歲生日還差幾個月。

樹澄住在偏遠的離島上，我很多年都沒去拜訪她。一位年輕的員警站在門口迎接我，然後把我領到乾淨整潔的餐桌前，遞給我一張活頁紙讓我簽字。我驚訝地發現樹澄自己也準備了幾樣材料，包括大約六、七個整齊的資料夾，每個上面都貼著彩色的便簽，清清楚楚地寫著她的葬禮安排、銀行流水、房產情況、訂閱的報刊，甚至還有一張單獨的清單，詳細說明瞭冰箱裡有哪些東西要拿出來，以及如何處理。

我猜樹澄是希望在離世前把事情都安排得妥妥當當，因為在她的一生中，秩序總是求而不得，生活一不小心就會失控。我那一生放浪形骸、特立獨行的大姊，小的時候就被親婆單獨管束，不與我們在一處，最後走的時候也是孑然一身。她終其一生都在尋找一個忠貞不渝、無條件愛她的人，我希望她明白她不用再去別處尋找，因為那個人就是我——她的三妹。

如今，我們兄弟姊妹只剩下樹荃和我兩個人了。

1978年中國改革開放後不久，我又回到闊別近三十年的上海。和我記憶中的上海相比，一切看起來都小了很多。看到我們家搬進那麼多人，環境那麼髒亂，又想起這裡曾經的華麗與溫馨，我感到一陣心痛，想著再也不要回來了。

記憶中，這是兄妹五人唯一一張集體的合照，1992 年攝於香港。
從左到右依次為樹珏、樹棻、樹澄、樹瑩和樹荃。

1930 年代末，日本人炸毀太爺爺在常熟的大部分房產。如今一家現代化的大酒店取代了原先白牆黑瓦的宅院。正是在那裡老四和老七密謀竊取太爺爺的財產，是在那裡十幾歲的父親搧了那位冒犯他的古董商一記耳光，也是在那裡親婆打破陳規，主動離開了自己的丈夫。

我專門去了一趟這家常熟的酒店，想看看能不能找到我們家族在那裡生活過的蛛絲馬跡。我知道希望渺茫，畢竟開發商要將一切夷為平地，才能三百套客房、會議設施還有一個保齡球館騰出地方。果真，原來的荷塘、寶塔、曲橋都已了無蹤影。

我走到了一座敦實的建築後面，發現那裡有一個平平無奇的混凝土院子，裡面雜亂地擺放著幾盆盆栽灌木。我正打算離開，突然聞到一股清香。兩棵白玉蘭樹擠在嗡嗡作響的空調壓縮機中間，竟意外地花繁葉茂、雍容華貴。盛開的花朵碩大無比，油亮的綠葉一直延伸到四層樓高的磚牆之上。我腦海中清晰地浮現出一幅畫面：一百多年前，太爺爺穿

著長袍，腰間掛著官印，指揮下人在此處種下兩棵樹苗，遙想日後它們將會是庭院裡所有樹木中最大、最美麗的兩棵。爹爹滿月酒那天，車夫和轎夫們也是在此處靜候他們從酒宴歸來的主人。

我曾在某處讀到過，木蘭屬植物已經在地球上存活了數百萬年。科學家說，它經歷了地震、野火和冰河時代，存適至今。對我來說，這些高大挺拔的樹木還健在，我還能在這裡聞到它們散發出來的花香，就已經足夠了。

完翁六十三歲小影
丙申三月攝寧贈
梅溪賢婿
樹瑩三女

爹爹孫伯繩的小像，背面有他的題詞。

# 第二十三章
## 虛靜齋

　　芝潔：2008 年，我第一次來到母親破敗的童年住所時，心情很沉重。當我看到家人曾經使用的膠木電話留在牆上的印記時，更是深感痛心。那是我們家族在此生活過的唯一痕跡。外祖父生前曾精心收集成百上千件珍貴藏品，大到紫檀桌，小到鼻煙壺。但在我們到來的四十年前，紅衛兵已經將這棟房子徹底洗劫，因此家裡沒有一個人願意去查找這些的藝術品的下落。

　　我回到夏威夷檀香山的家後，面對孫氏家族的悲劇命運心緒久久不能平靜。我從衣櫃裡拿出外祖母那件破損的絲綢旗袍，用手輕撫上面的刺繡，那是媽媽送給我的。外祖父母的遺物所剩無幾，對我來說情感價值遠超經濟價值。

　　在邁入新千年之際，隨著中國經濟的日益繁榮，人們對中國藝術品的興趣也愈發濃厚。事實上，中國已經超過美國，成為世界領先的藝術品和古董市場。這讓我很高興，想必外祖父也會感到驚訝和欣慰。

中國的古典繪畫十分獨特，沒想到正是這種獨特性幫我們找到了外祖父遺失藏品的線索。一般而言，在藝術家完成創作並落款後，收藏家們也會在畫作上寫上自己的題跋，以標注所有權。因此，中國畫天然就具有藝術史的意義。隨著所有權不斷更迭，一幅畫作上可能會有多達幾十個題跋和印章。通常，這些題跋既富有詩意和哲理，又能反映藝術家與收藏家或友人的互動，還能順帶記錄橫跨幾個世紀的所有權資訊。

儘管外祖父興趣廣泛，傢俱、瓷器、供石、古籍和其他藝術品都有涉獵，但他最出名的收藏還是中國山水畫。由於國際藝術品拍賣會上許多畫作的最後一位藏家都是他，因此他作為收藏家的聲譽成為為藝術品真偽鑒定的重要依據。

中國畫家和收藏家的印章往往能體現他們的內心世界。外祖父二十多歲時給書房起名叫「虛靜齋」，意為無欲無求的寧靜之地，這體現了他年輕時的夢想，也是他日後作為收藏家的名號。

隨著年齡的增長，他的名號也不斷變化：從避諱甲午生辰的「生年不確」，到「破夢居士」，再到最後失去一切的「完翁」，彷彿見證了他從充滿希望到落魄潦倒的一生。

爹爹「虛靜齋」的幾枚印章

多年來，不斷有親朋好友告訴我們，帶有爹爹印章和題跋的畫作在拍賣會上賣出了驚人的價格。

雖然我們兄弟姊妹幾乎沒有從爹爹那裡繼承到任何財產，但我一直沒有精力去跟進這些線索。記錄我們家族財產的相關資料中列舉了房產、銀行、酒店和船隻，但從未提及爹爹的藝術收藏。

當芝潔提議上網搜索一下爹爹收藏的畫作時，我同意了。於是我們在她檀香山的家中一起端坐在餐桌旁，對著電腦打開了一家中國拍賣行的網站。網站上發布了幾十張圖片，其中大多都是已售藏品。芝潔隨意點開了一幅尺寸很大的山水畫，畫中綠樹掩映，屋舍朦朧，十分引人入勝。

當我湊近去看的時候，腦海中突然浮現出一個畫面：七十多年前，爹爹站在凳子上，把一幅畫掛到書桌後方的牆上。那幅畫曾先後被一位皇帝和九位皇子收藏。我不由地握住了女兒的手。

芝潔也回握了我的手為我打氣。然後我們一起盯著螢幕，屏氣凝神地讀起了拍賣行的介紹：

> 這幅作品是十七世紀畫家王翬於 1709 年創作的一幅山水畫。1723 年由怡親王胤祥，康熙的第十三皇子購得，後流轉於皇室中，歷經八朝九位皇子之手。後為虛靜齋孫伯繩所得，並於四十餘歲審定為真跡。
>
> 繪就此畫時王翬已七十有八，功力爐火純青。整個畫面顯得格外開闊疏朗、平和樂觀。由著名收藏家虛靜齋收藏，保存完好，品相極佳。起拍價 450 萬元，估價 650 萬元。2011 年 11 月 8 日在北京以 2415 萬元成交。[1]

...

1　嘉德拍賣行：http://yz.sssc.cn/item/view/1791231，2017 年 6 月 22 日瀏覽。

在拍賣會上以四百萬美元售出的王翬畫作，
尺寸為 37 x 21 英寸，頂部是康熙第十三皇子怡親王的鑒藏印。

我們看到最終的賣價幾乎是估價的四倍，但無法立刻在腦中進行匯率換算。我屏住呼吸，看著女兒在計算器上敲入數字。

芝潔睜大了眼睛，把計算器遞到我面前：售價接近四百萬美元。

那是我第一次看到曾經屬於我們家的東西被賦予有形的價值，當時的心情難以名狀：從對數額的驚訝，到對不能擁有的遺憾，再到接受現實，並對爹爹的收藏品位和鑑賞力感到自豪，可謂悲喜參半、五味雜陳。

無論你多麼努力地接受一個悲傷的事實，消除怨恨之情都是一件很難的事情。「得之我幸，失之我命。」我對芝潔說。自那日起，我們沒再提起那幅畫。

芝潔：幾天後，我又重新打開了那家拍賣行的網站。第一次看到的時候，我還沒有回過神，因此忽略了一個關鍵的資訊，即畫家是王翬，而這次我沒有錯過。三十年前，我在普林斯頓大學的畢業論文就與他有關。我花了一年的時間對他進行研究，可以説對他頗為瞭解。

普林斯頓很注重培養學生獨立思考的能力，要求每一位畢業生自選論文主題。我的專業是藝術與考古學，當時已經把研究方向縮小到了中國畫，但具體研究什麼還沒有思路。於是我的導師讓我去學校的藝術博物館查閱檔案，那裡雖然地方不大但是水準極高。我在那兒意外地發現了十七世紀的藝術家王翬的兩本山水畫冊，一本是他全盛時期的作品，另一本是他耄耋之年的作品，中間相隔四十年。那一刻，我就知道自己找到了論文主題。王翬的兩本畫冊形式類似，也都很精美，但同時也有明顯的差異，很適合研究這位藝術家風格演進的過程。

王翬生活在康熙年間，正是清朝開啟政治、經濟、科學和文化盛世的黃金年代。六十歲時，王翬奉詔進京領銜繪製當時最重要的御製畫作

《康熙南巡圖》，共計十二巨卷。這幅圖卷詳細描繪了整個康熙南巡的過程，包括沿途經過的山川城池、名勝古跡，更有人物三萬。

畢業論文是普林斯頓本科學習成果的最終體現。對大多數學生來說，寫論文意味著探尋未知的領域，既帶來成就感也帶來滿滿的焦慮，但我始終很享受整個過程。能第一手地接觸到這樣一位名家的作品，我深感榮幸，但當時我完全不知道外祖父是著名的中國畫收藏家，更不知道他專門收藏王翬的作品。媽媽也從來沒有告訴過我，或許是因為她對藝術興趣不大，亦或許是因為外祖父是以那樣令人痛心的方式失去了他的收藏。

我無法解釋為什麼自己對王翬的畫有那麼多的感觸，也許當年外祖父也是因為同樣的原因為之著迷。即使這些作品已經不屬於我們家，我還是繼承了對它們的喜愛。這是我與外祖父之間特別與私密的關聯，連媽媽都未牽涉其中。

同樣不可思議的是我對供石的喜愛。我十幾歲的時候去中國當交換生，在杭州的一座古典園林裡發現並喜歡上了供石。當時我的同學們都笑我喜歡那些「笨重的大石頭」。但我就是被供石質樸又靈動的趣味所深深吸引，覺得就像脾氣暴躁、飽經風霜卻心地善良的老人。我能理解為什麼供石又被稱為「靈石」，也能理解為什麼學者們喜歡手持佳釀，對著供石細細品鑒，尋求靈感和啟發。

我的朋友們對此一笑置之，我以為媽媽也會一樣，所以我從沒跟她提起過。直到後來我們去了她兒時的家，看到她指著地板上的四處凹痕時，我才知道原來外祖父也收藏供石。

撇開芝潔的學術研究不談，我們家和王翬之間還有一個有趣的關聯。王翬是常熟地區著名的山水畫家「四王」之一。芝潔寫論文的時候，

還不知道我們的老家在常熟。（孩子們小的時候，我從來沒有對他們提起過，只簡單地告訴他們我出生在上海）。

王翬不僅是常熟人，而且出生在虞山，也就是太爺爺修建府邸的地方。

我沒有逐字逐句地讀完芝潔的論文，而且三十年來都沒有察覺這些不可思議的聯繫，不過我想女兒已經原諒了我。芝潔曾告訴我，普林斯頓的藝術博物館有六千多件來自亞洲的藝術品，她能與這位特別的畫家建立聯繫是多麼令人震驚的巧合啊。

我一生中最遺憾的事情之一就是沒能讓孩子們見到爹爹，所以得知冥冥之中是他引導女兒認識了她最喜歡的藝術家，我深感安慰。芝潔關於王翬兩本畫冊的論文獲得了普林斯頓藝術與考古學系的優秀畢業論文獎，與她的室友並列第一，還平分了一百美元的獎金。想必爹爹會為她感到驕傲。

2016 年，樹瑩和芝潔於上海外灘的一家酒店。

CHAPTER 24
LOST AND FOUND

# 第二十四章
# 失而復得

上海，
2016 年

　　我們探尋家族歷史並撰寫這本書前後花了十年時間。我和女兒配合默契，我負責口述，她負責整理、研究和寫作。我們非常享受各自的分工，並且共同體驗了一場發現之旅。在此期間我們一起經歷了許多變故和里程碑，我們送走了與我相伴五十六年的丈夫梅溪，也送走了我的大姊樹澄。我度過了自己八十六歲的生日，芝潔也迎來了她五十五歲的生日。

　　我很珍惜與孩子們以及他們的家人在一起的時光。之浩成為一名房地產開發商，與妻子安以及兩個兒子住在紐約。之仁成為電影製作人和媒體高管，並定居香港。芝潔和丈夫約翰則住在檀香山（約翰是一名退休醫生）。

2016 年，我和芝潔又回到了上海，這或許是我最後一次回去。我們住在修舊如初的外灘華爾道夫酒店。這座英國布雜藝術風格（Beaux-arts）的建築曾經是上海最高檔的紳士俱樂部所在地。據說，1929 年諾埃爾·科沃德（Noel Coward）曾來此參觀。他評價這裡長達一百一十英尺的紅木酒吧台時說：「如果你把臉貼在這個吧台上，就能看到地球的弧度。」

芝潔與丈夫約翰·法爾札拉諾於外灘，左後方為滙豐銀行前總部和海關大樓。

當我們沿著黃浦江邊散步時，清風拂面，驅散了夏日殘留的暑氣。外灘的建築宏偉壯觀、細節奢華，每一座都具有地標性意義，是前現代

建築風格的卓越代表。我和女兒走到外灘中間的一處停了下來，少女時代的我就是在這裡坐著哈雷戴維森摩托車拍照的。我們又望向不遠處滙豐銀行前總部的柱廊，爺爺和他的哥哥就是在那裡盜走一整車金元寶的。

「奇怪，」我喃喃地說，抬頭望向銀行旁邊優雅的海關鐘樓，上海港口曾經的指揮中心。在施工的喧鬧中，古老的鐘聲響起，雖然微弱，但聽得出有些不對勁。

「這個鐘樓看起來很英式。」芝潔道。

「嗯，它是仿照英國的大本鐘建造的。」我轉過頭想聽得更清楚些。「我和妳爸爸第一次去倫敦的時候，發現大本鐘的奏樂和我從小聽到海關鐘樓演奏的是同一首，感覺特別親切。」

衝擊鑽聲暫停的間隙，鐘聲變得清晰起來。

芝潔笑著說道「媽媽，看來曲子也改朝換代了。這首是革命歌曲〈東方紅〉。」

「噹—噹—噹—」鐘聲敲響，像感嘆號一樣給芝潔的話作了注腳。

震耳欲聾的鑽地衝擊聲不久又響起。這條街上有許多處都在施工，在一幢建築的外立面，工人們攀在整齊的竹製腳手架上，像護衛艦索具上的水手。而在鮮豔的檔板後方，一個個打樁機就像在立在水邊的哨兵。

西方列強在外灘修造了這些建築，但享受了不到一個世紀，就讓位給了日本侵略者。1960 年代末，許多建築在文化大革命中遭到毀壞，儘管後來有政府機關入駐，但中間還是有幾十年的時間處於年久失修的狀態。如今，經過不同程度的翻修改造，屋頂餐廳和服裝精品店再次開門迎客。

我們朝黃浦江對面望去，看見了浦東未來主義風格的天際線。1990 年代，浦東作為新的商業區逐步發展起來。外灘緬懷和代表著過去，而浦東則毫不掩飾地擁抱著未來。在鱗次櫛比的摩天大樓間，三座世界最高的建築直沖雲霄，東方明珠塔也高高聳立，形似《傑森一家》（Jetsons）動畫片中的太空建築。

黃浦江兩岸讓我想起了我的過去和當下，維繫一個而不破壞另一個

上：1930 年代的外灘。下：從外灘眺望浦江對岸的浦東天際線，攝於 2011 年。

需要的微妙平衡。或許一個國家的發展進步必然伴隨著痛苦和失去，這也是為什麼我放棄追索家族的遺產和財物。但如果推土機把外灘夷為平地，建成像浦東那樣的鋼筋混凝土森林，那我真的會接受不了。不論如何，我的城市正在重塑自己，而我也對如今的上海產生了新的自豪感。這裡不僅僅是我童年時代的東方巴黎，更是全球經濟的增長引擎。

不久之後，我和芝潔再次回到我兒時的家。離我倆第一次回來，已經過去了八年，我們都不知道那裡發生了怎樣的變化。我們坐上開著空調的計程車，很慶幸車窗隔絕了外面施工的噪音和灰塵。計程車司機來自東北哈爾濱，操著一口普通話。與他的交談間，我們意識到在上海說上海話的人越來越少了。隨著全國各地的人們來到上海尋找就業機會，我們這樣的人就愈發像舊上海的文物了。

我們離開黃浦江向西轉進了福州路，並穿過了原來的公共租界。這裡不再是四馬路，而是「文化街」。多層書店沿街排列，人們仍然在這裡讀書；人行道上購物的人群熙熙攘攘，一如幾十年前。但如今已經沒有了紅燈小巷，也沒有了打著陽傘的交際花。

等我們到達鎮甯路時，已經是傍晚了。一家便利店佔據了爹爹書房的位置，店主在人行道上擺放了折疊桌和塑膠凳，供食客邊吃燒烤邊喝茶或可樂。曾經，陽光和月光都透過這裡的竹柵欄照進我們家，而現在，我們踩著人行道上隨意丟棄的一次性飯盒從這裡穿過。

當我們走近那棟房子時，驚訝地發現前門敞開著，不像我們第一次來的時候那麼令人生畏。芝潔和我一邊欣賞著原裝鑄鐵護欄上的雕花設計，一邊詫異於牆壁和天花板上懸掛下來的灰塵，因半個世紀都無人擦拭，已經變得像羊毛卷一樣厚重。而且自我們上次造訪以來，仍在不斷積攢。

一個穿著格子運動夾克的中年男人站在台階上問我們有什麼事。他的聲音有些沙啞，但眼神並無敵意。

「請問程老先生還住在這裡嗎？」我問。「我們幾年前見過他。」

「妳是姓孫嗎？」我們點頭，很驚訝他竟然知道我姓什麼。「我猜也是妳，」他接著說。「妳們一看就是華僑。老程去年去養老院了，所

以我們現在終於可以把大門敞開了。他是這裡年紀最大的住戶，一直堅持要把門鎖上。」

「他走了以後，我們都想把門打開透透氣。」他回頭看了眼昏暗的門廳。「老程跟我提起過妳。他在打包的時候，發現了妳父親的一些東西，希望有一天妳會回來取。」

那人走開幾分鐘，帶回了一個用髒報紙包著的包裹，然後把它塞進門口一輛電動車的車簍裡。

「聽說妳父親是位大收藏家？我猜這是他最寶貝的藏品之一，不過已經壞了，估計也沒什麼用。老程說這是紅衛兵唯一留下來的東西。」

那人看了眼手錶。「我得走了。妳們想待多久就待多久吧——走廊那邊有兩把椅子。」

我的腦中閃回大約八十年前的那個早晨，想起爹爹臉上難以察覺的慍意，以及之後他意料之外克制的情緒。我仍然記得他的原話：「這算不得很貴重。不過是塊石頭罷了，對不對？」我想起當時告訴他供石摔壞時的場景，並又一次感受了到那種焦慮的情緒。此刻，我突然意識到他當天那麼說可能只是為了安撫傷心欲絕的我。

陌生人的話在我的腦中迴響著：這尊供石是爹爹最珍貴的藏品之一。

也許爹爹也是出於同樣的自制力和同理心，把我送到了香港。他知道此後我們可能再也無法相見，但是為了我的安全，為了保護那個對他最感興趣的孩子，他還是做出了最大的犧牲。

芝潔把一張折疊椅放在電動車旁，讓我可以坐著看她打開包裹。我立刻認出了我當年撞掉的那塊月牙形供石，因膠水失去粘性，破碎的供石再度斷裂成了兩半。

我用食指輕輕撫過供石飽經風霜的輪廓，觸摸著那道凹凸不平、沾滿灰塵的膠縫。突然，我在一個較深的溝壑裡摸到了一個不易察覺的突起。芝潔用指甲銼從中掏出了一張半透明的宣紙，折疊了七八次後，小到足以藏進溝壑。

我們驚訝地發現這是我同學的母親梁太太寫給爹爹的一封信，日期是 1967 年 9 月：

尊敬的孫先生：

　　二十五年前，我與梁明第一次去府上拜訪，還記得當時因為他拿走了您的玉印章我深感羞愧。但您念及他經歷了喪父之痛，非但沒有怪罪他，還將一次過失化為了善舉。

　　因您的經濟支持和悉心教導，梁明成為一個善良正直的人，對此我感激不盡。說實話，我也曾一度擔心他能否不負您的期望。

　　在您的影響下，梁明獲得了博士學位，並被分配從事文學和藝術教學。當年您將玉印章贈予他時，他深受感動，一直以來視若珍寶。

　　上個月，紅衛兵以破四舊為由對他進行了批鬥，最後任其倒在血泊中。梁明已不幸離世，特此泣告。

　　梁明最看重的一位學生從他衣服內袋裡找到了這枚印章，並交給了我。我惟願將其歸還給您。

　　聽聞您也慘遭不幸，萬望保重。


　　芝潔又用指甲銼順著溝壑往深處探了探，竟勾到一根磨損的細繩，抽出來後時一隻破舊的小香囊，裡面裝的正是爹爹當年放在書桌上當作鑒藏印的那枚玉雕獅子印章。


　　謙恭是儒家的美德。我一生中的大部分時間都有一種錯覺，即爹爹對其他人都像對我一樣好。後來我才明白這是自我安慰。他是富貴人家的長孫，而家中其他子弟多為紈絝。年輕時，他因傲慢而遭到羞辱。「先生街」事件成了他人生的轉捩點，教他懂得了謙卑，並影響了他一生。

　　心愛之物遭到毀壞，還能修復如初嗎？1960年代，當我得知家人在內地的遭遇時，心情很沉重。我常常做夢下班回家，看到爹爹在給我的孩子們讀書。但夢終究是夢。這讓我想起爹爹供石上的裂縫，猶如一道無辜生命遭受的傷疤。

爹爹對自己的命運走向可能並不意外。畢竟，他出生的甲午年預示著災禍與動盪，從他出生時那場燒毀上海大片區域的大火，到他晚年遭受的凌辱和折磨都是如此。

難怪他會從文學和藝術中尋找慰藉。他讀過的經典古籍講述了王朝的興衰，他喜愛的藝術品讓他懂得了美好與失去、瞬間與永恆。然而造化弄人，正是爹爹最珍視的藝術收藏給他帶來了難言的痛苦，也加速了他的死亡。

當然，爹爹獲得財富和特權也同樣是因為命運的轉折，或許他早就料到聚散有時。不管是在戰爭年代、日佔時期還是革命年代，不管家中經濟狀況如何惡化，爹爹都儘他所能為我們營造了家的避風港，每每回想我都感到驚歎不已。而我們以為能隔絕外界一切威脅的竹柵欄，最終不過是幻象。

在爹爹去世前最艱難的歲月裡，我除了給他寄去一些生活必需品之外，什麼都做不了，心靈上也無法給予他任何慰藉，這令我感到沮喪而愧疚。我憤憤地以為，他沒有離開上海是因為他無法放下過去。無助感不斷地吞噬著我的心。

直到我養育自己的三個孩子的時候，我才終於明白爹爹為什麼故意隱瞞，讓我誤以為只是去香港休個短假，因為他不忍與我告別。他把對家族未來的希望寄託在了我身上。想到這兒，我不再絕望。

爹爹在方方面面，都是一個道德高尚、值得信賴的人，除了對我的母親。姆媽外表美麗但性情輕佻，喜歡享受生活，喜歡追逐美和光鮮的事物，彷彿她天性如此。直到長大後，我才意識到，姆媽年幼喪親，艱難長大，在她溫潤的外表之下，或許隱藏著痛苦與掙扎。

姆媽剛進入婚姻時是典型的中式妻子，而親婆則是典型的強勢的中式婆婆。我一直在想，如果不是媽媽和親婆長期不和，她與爹爹的婚姻是否能維持得更久一些。婆媳不和令姆媽開始尋求家以外的寄託，並在動盪的時局中離開了這個可以提供穩定的庇護，但令她不幸福的地方。

姆媽先是離了婚，之後又穿越大半個中國。在此過程中，她充分體會到一個女人失去子女撫養權並自身難保時面臨的困境。然而，可能正

是這種孤立無援，使她找回了自己的生命力。

　　媽媽和親婆兩人水火不容，但其實她們有很多的共同點，即便誰也不願意承認。比如，她們幾乎都寬容到了荒唐的地步，如親婆收留五婆婆和姆媽寬恕盛阿姨。或許這也是二人的救贖——她們本能地知道，要在男權社會中生存，必須依靠女性之間忠貞不渝的友誼。然而，生存不等於獨立。即使親婆和姆媽打破常規，離開了丈夫，但她們還是不得不依靠子女養活。

　　我妹妹樹荃和樹玨也是這樣不得不互相依靠。文革對她們造成了嚴重的影響，但她們沒有經歷過從前，以為生活本來就是如此。如果姆媽、樹澄和我沒有幸運地離開內地，我們會像爹爹那樣默默地忍受命運，還是像樹荃那樣頑強地對抗？

　　芝潔：對於外祖父和他的學生梁明來說，保護中國傳統文化的鬥爭以悲劇告終。站在媽媽故居搖搖欲墜的門廳裡，我突然意識到，在普林斯頓時外祖父曾以某種未知的方式指引我瞭解中國藝術，就像一代人之前他曾教導梁明一樣。從此，中國歷史、藝術、哲學相關的研究對我有了前所未有的意義。

　　這個國家創造了輝煌的文化遺產，後來親手毀掉了它，但三十年後又再次回到了原點：外祖父收藏的藝術作品，雖然散落各處，但再次被重視。中國殘酷的歷史破壞了我們的家庭，但文化的崇高之美卻經久不衰。

　　這讓我相信，失去做夢的能力比失去任何物質都要不堪。至於給數百萬人帶來苦難，使我的家人陷入困境的那些人，他們自己也是受害者——這是歷史、變革和人類處境必須承受之重。

　　我為這本書傾注了十年心血，現在我的旅程也回到了原點。

我在香港長大，接受的是全英教育。我在英國人開辦的港島中學讀高中，然後轉到香港國際學校，在那裡，我的英式口音很快被美式口音取代。此外，還有家庭教師每週兩次教我和哥哥們說廣東話。

我們在家能接觸到好幾種語言和方言。我們的外祖母和祖母只會說常熟話和浦東方言，我們的父母和彼此說上海話，而對我們說英語，我和哥哥們的保姆來自廣東和菲律賓，家裡的廚子則來自常熟。

我們家很西化。爸爸廣告公司的客戶中有許多是在鄉村俱樂部結識的美國和歐洲朋友，媽媽在領事館也有許多美國同事。我的廣東話說得一般，所以我和香港朋友一起玩的時候，有時候會覺得自己是個異類。跟身邊的上海朋友一起，我又顯得過於西化。我從來不乏五湖四海不同種族的朋友，但我的心底總有缺憾。

這就是為什麼，我千里迢迢去普林斯頓學習普通話，研究中國歷史和藝術還第一時間抓住了去浙江大學參加暑期語言課程的機會。那是中國 70 年代末首次向西方學生開放的此類課程之一，除組織者外，我是唯一的華人。當時像我這樣的人很少會去學中國的國學和文化，因為我們是移民的後代，要努力建立新的生活，而更少會有人嚮往中國這樣一個發展中的社會主義國家。

而我人生的每個階段，都在不知不覺地增強與傳統的聯繫。1989年，我在香港的第一個雇主，偉達公關公司（Hill & Knowlton）派我去管理其北京辦事處，那是中國第一家也是當時唯一一家公關公司。我的工作是向已經二十多年沒有接觸外國事物的中國消費者宣傳西方公司的品牌形象並推銷西方的產品，非常有意思。當然，宣傳不是什麼陌生的概念：當地舉辦媒體發布會都會給記者發紅包。

當時許多中國家庭連自來水都沒有，但我的工作條件一點也不艱苦。我有許多外派福利，可以住北京飯店的套房，雇專車和專職司機。我對中國同事的生活條件很敏感，也常常為自己優渥的待遇感到不好意思。

我於 90 年代回到香港時，全球股市正經歷著網際網路泡沫的破滅及餘波。商家開始把目光轉向中國，認為那裡有巨大的機遇，這也促成

了香港的一個黃金時代。那些年我過得很開心，一邊為蒂芙尼（Tiffany & Co.）公司開拓市場，一邊享受社交生活。在朋友中，我是唯一穿旗袍出席正式場合的。

但是繁忙的工作和城市生活漸漸使我感到疲倦。雖然我很喜歡香港，但當一家公司問我要不要去夏威夷工作時，我立刻接受了。如今，我已經在檀香山生活了二十年，也開始經營自己的生意。對我來說，這裡東西方文化充分交融，再適合不過。我和美籍義大利裔丈夫約翰的婚姻也很美滿。這座城市充滿了像我這樣有多元背景的人，其中包括來自世界各地的華人後裔。

當我和媽媽開始寫這本書的時候，心想一兩年時間就能完成。我以為就是記錄一些有趣的軼事，沒想到會與一段中國歷史緊密地交織在一起，也沒想到整個過程會對我產生巨大的影響。那些故事時而啟發我，時而讓我開懷大笑，時而又令我感到不安。如果我的命運不同，如果我出生在舊中國，要被迫裹小腳，或者接受丈夫娶五個小老婆，或者半夜被賣給陌生人，甚至經歷文化大革命，很難想像我會怎樣應對。

我們每個人都帶著一段歷史和一段記憶，承載著幾代人的過往。我是家裡第一代完全自主選擇人生的女性。而我的每次選擇，不管有意無意，都是為了尋找自己的文化根源。

我父親葬在上海西郊的歸園公墓，離外灘大約四十英里。歸園為富裕的海外華人提供了一個葉落歸根的安息地。雖然庭園景觀布置得相當精緻優美，但西方人會覺得有些不倫不類。公墓裡散落著各式各樣的雕塑，有在平整的草坪上漫步的象群、戴眼鏡的小和尚、七個小矮人（沒有白雪公主）、一個十英尺高的高爾夫球手，還有一群開懷大笑的豬，相互只有幾步之遙。或許開發者認為這些塵世間的風物值得帶到來世。父親生前在這裡購置了一塊家族墓地，希望我們過世後可以來此團聚。

我本以為回上海是去尋找回憶的。可最終，是回憶找到了我。

有時，夜深人靜，我會夢見爹爹。天氣很冷，他穿著草鞋，粗糙的雙手握著一根木把掃帚，在我們家門外緩慢地清掃著。人行道上，灰塵像浮雲一樣翻滾，彷彿是慢鏡頭。他看起來那麼的虛弱，我想奪過他手裡的掃帚，可是伸出雙臂幾乎就要碰到他時，卻始終夠不著。

忽然間，那把掃帚變成了一支如椽巨筆，筆頭光亮順直、潔白無暇。爹爹的手也變得和我記憶中一樣，年輕光潔、運筆流暢，帶著不務塵事的優雅。他透過圓框眼鏡，眯起雙眼，溫和地對我微笑了一下，然後蘸上墨汁，起筆書寫。

樹瑩，攝於 1950 年代。

1930 年代南京路的夜景

芝潔：首先，我感謝我的媽媽獻出她的珍貴回憶。

我向我的丈夫 John Falzarano（約翰・法爾扎拉諾）表示衷心的感謝，感謝他堅定地支持我，無怨無悔地容忍我分心的狀態、蓬亂的頭髮和凌晨三四點才結束的工作日。他不僅遠遠超越我理想中的伴侶，而且一直都是我父母最喜歡的（也是唯一的）女婿。

《追憶上海》的中文版能夠問世，有賴於台灣黑體文化的團隊成員——龍傑娣總編輯和涂育誠編輯的勤奮工作。我由衷感謝他們在合作的各階段中展現的優雅和專業，即便在他們的辦公室遭受高達七點四級地震襲擊後，依舊如此。感謝傑娣和育誠，你們實現了我母親的夢想！

另外，我也要特別感謝親愛的朋友陳燕，她花了好幾天時間審查和校對中文版的排版檔案。她對細節的關注程度不亞於最優秀的專業翻譯人員。

完成這樣一個專案需要忍耐長時間的孤獨，但同時需要許多人的共同努力。在這本書的每一個階段，我們都從親朋好友那裡獲得寶貴的幫助和精神支持。謝謝大家！

特別感謝俞珮欣和俞天睦，以及珮欣的父母許明輝和俞肇熊。他們對老上海充滿感情，以各種方式參與我們的專案。明輝幫我們繪製精美的插圖，肇熊貢獻了他的回憶，珮欣和天睦夫婦提供想法和介紹。在我們合作期間，珮欣和天睦因外交公務在上海、檀香山和香港三處奔波，仍不忘支持我們完成此書。我熱切盼望我們再次回到同一個城市生活的那一天。

我們永遠感謝 Maggie McBride 和 Pat Malone，他們是我大學畢業到香港偉達公關公司從事第一份工作時重要的朋友和導師。Maggie 和 Pat 犧牲幸福的退休生活時間，埋頭苦讀我的早期手稿，並在這本書的創作和行銷等多個方面提供建設性的建議。

如果沒有 Debra Lee Baldwin 的鼓舞和鼓勵，此書的寫作也會止步不前。2013 年，我參加檀香山園藝俱樂部的研討會，並在一盆多肉植物邊上遇到 Debra。她是一位著名的園藝作家和攝影記者。儘管她幾乎不認識我，但她主動提出閱讀我的手稿，並在接下來的幾年裡，在寫作和出版等諸多方面提供自己的專業知識。Debra 是我們的朋友，也是我們的啦啦隊長，為此我們感激不盡。

Tess Johnston（江似虹）是老上海建築領域的作家和權威，她和我的母親同年出生，同樣也在美國政府工作了三十多年。她足智多謀地在 1939 年出版的《上海名錄》中找到關於外祖父唯一的英文參考資料。我們向 Tess 致敬。

在這本書的後期設計階段，我們在網路上認識 Vince Ungvary。他是古董地圖和紀念品的經銷商和收藏家，非常慷慨地與我們分享他的珍寶。據我們所

知，他收藏的 1930 年代南京路和外灘的罕見插圖從未出版過。我們真誠地感謝 Vince。

湯聖明慷慨地將他母親——影后陳雲裳的傳記《一代影后陳雲裳》贈與我們，並允許我們轉載其中的摘錄和照片。

Nicholas von Sternberg 同意我們引用他父親的回憶錄 Fun in a Chinese Laundry: An Autobiography by Josef von Sternberg 的節選，其中對大世界的生動描述很難再作改進。

導演兼製片人關錦鵬向我們介紹他拍攝舊上海電影的故事。據他介紹，要複製 1930 年代的手推波紋髮型十分困難。媽媽當年是利用睡覺時在頭髮裏上濕棉條實現的。

出版商兼編輯 Dania Shawwa 從書的成稿階段就予以我們大力支持，並持續提供指導和鼓勵。我們感謝《亞洲文學評論》的主編 Martin Alexander，是他讓我們瞭解出版業的方方面面，並對書中副標題中的人物順序進行推敲。我們非常感謝我們的學者朋友 William Zanella 博士，他對詞彙表進行細緻的梳理，以及魏白蒂博士，她敏銳地發現一些勘誤。

Hugues Martin（馬雨果）很慷慨地同意我們參觀他收藏的上海古董照片。2008 年，我們第一次去鎮甯路時，Dean Harden 陪同我們合影留念。Krista 和 Pete Mui 拍攝三件姆媽古董旗袍上的刺繡，並運用在本書的環襯上。

招詠嫻向我們介紹業內人士對中國市場和社交媒體的看法。Joe Spitzer 和鄧昭瑩提供設計和中文排版方面的專家建議。Charlyn Masini 就預告片製作的資源提供建議。Kyoko Talisman 和 Debbie Funakawa 翻譯日本軍官的進行曲。

蔣吉麗、Youngsuk Chi、Doug Childers、朱賢裕、Heather Diamond、郭穎頤、劉長江和 Sally Nhomi 慷慨地分享知識和資源。

我的同學 Beth Chute、Bernice Glenn 和 Laurel Slaughter 擔任我在普林斯頓校友圈裡的聯絡人和宣傳員。

我的好友，檀香山的 Vivien Stackpole, Mary Rose Shen 和 Judy Murata，以及香港的 Jeanne Thornhill, Susan Paolini 和 Larry Quek 都是舉辦派對的專家，他們為我們籌備愉快的新書發表活動。

Karen Thorne 擔任戰略規劃師和顧問。

我們感謝香港的 Armando、Daisy 和 Jade Manalac 以及檀香山的 Lorna Apo 在過去二十多年裡對我們的忠誠支持。

許多朋友可能沒有為這本書本身做出貢獻，但提供我們無條件的精神支持：Julie Au、Heidi Ho、Lisa 和 Alfredo Lobo、Linda Mui、Joanne Pating、Don Thompson、Laurie Tom、Valerie Van Buren 和我的乾媽 Rebecca Soong，他們的友誼對我們至關重要。另外，在 2018 年我們的書籍出版前夕，我在香港學生時代最好的朋友 Kristin Stonham Thompson 搬到檀香山，這真的是意外之喜，她在許多出版品的幕後工作中發揮重要的作用。

我非常感謝我在普林斯頓同宿舍樓的朋友 Adam Inselbuch。我在他多年的溫柔鼓勵之後，在一個關鍵時刻與他的大學室友、政治作家 Charles Robbins 重新建立聯繫。Robbins 慷慨地帶領我走上尋求專業幫助的道路。

幸好，這種幫助不是心理干預，而是天才編輯 Gali Kronenberg。他動了大量腦筋幫我們加快故事的節奏，增強故事的吸引力。編輯 Diana Rico 自稱是書籍助產士，她對手稿進行至關重要的最後潤稿，從宏觀的角度確定時間順序，並連點成線。要用英語講述一個充滿中國歷史、中國人物和中文術語的故事絕非易事，更何況這個故事跨越一百七十年，貫穿五代人，還穿插兩個講述者的聲音。在克服這些困難的過程中，Gali 和 Diana 的多語言技巧和對多元文化的敏感性發揮了至關重要的作用。

GFB 圖書出版社的團隊以完美的專業態度完成出版的每個步驟：執行總監 Meghan Harvey 用幾個小時就清楚解釋我在過去十年中關於出版的所有困惑；藝術總監 Paul Barrett 將我們的想法轉化成為精美的封面和裝幀設計；照片編輯 Emily Friedenrich 處理我們的大量照片；Rachel Marek 創建了我們優美的網站。我們的高級特別專案編輯 Emilie Sandoz-Voyer 擅長一心多用，她幫我們釐清了千頭萬緒，帶領我們到達終點。在這個過程中，她教會我許多古老又實用的知識，包括牛津逗號（她支持，我反對）、版權頁面、花型裝飾、網版檢查、段落標題，以及──最後期限。

一本家族回憶錄，本質上是一家人共同的努力。我感謝我的姨媽樹澄和樹

荃講述許多故事和軼事，為我母親的回憶增添深度和不同的視角。想到這裡，我更加欽佩舅舅樹荼的成就，他從文化大革命的磨難中奮起，在全職任教的同時，手寫完成第一部三十二萬字的書稿，全無電腦和網際網路的幫助。

毫無疑問，我的祖輩給予我指引和啟發，我很高興我與表親 Anicet Dubonnet（安尼賽特‧杜本內）、鄭思祺和鄭思禎通過這個項目建立更親密的聯繫。

由於相距甚遠，我和直系家人：大哥趙之浩、他的妻子 Ann 和兩個兒子趙康嘉、趙康裕以及約翰的女兒 Johanna 和她的丈夫 Chris Boyte 無法時常相見。但是約翰的兒子 William Falzarano、他的妻子 Dawn 以及約翰唯一的孫子 John 和我們生活在同一座島嶼上，為我們的生活帶來光明和歡笑，這讓我們感到非常幸福。

我的二哥趙之仁是一名電影製作人和媒體高管，他無數次運用他的敏銳眼光和設計審美，高效且任勞任怨地修飾書中幾乎每一張照片。展望未來，我滿懷喜悅地期待與他合作，開啟「新的篇章」。

趙芝潔

2017 年 8 月於夏威夷檀香山

# 名詞解釋

本書內容均為真人真事或根據真人真事改編。

由於上海話沒有標準的英文拼音，因此英文部分我們使用漢語拼音，漢語拼音是自 1958 年以來中國的官方語音系統。

按照中國的虛歲來算，人一出生就是一歲。本書中，除非是某人重要的整數生日，我們均按照實歲來計算年齡。

我們盡可能地標注上海街道及地點的現用名和曾用名。

樹瑩及其家族人物，請參見第 32 頁家族關係圖。

## 人物

二二　樹瑩的第二個保姆

王翬　1632-1717，十七世紀著名的中國山水畫家，常熟人

毛澤東　1893-1976，共產主義革命家，中華人民共和國的創始人，1949 至 1976 年擔任中央人民政府主席

孔子　西元前 551-479，中國哲學家，其儒家學說奠定了科舉制度的基礎

孔祥熙　1881-1967，被譽為中國首富的金融家，著名的宋氏三姊妹中最年長的宋靄齡的丈夫

生通　樹瑩家的見習司機

付先生　安徽一間客棧的老闆

瓜爾佳榮祿　1836-1903，晚清朝廷重臣，慈禧太后的堂兄

伊芙琳・阿什克羅夫特女執事（Deaconess Evelyn Ashcroft）聖瑪利亞女校的歐洲歷史與文學老師

江晟　1917-1951，樹澄的丈夫，上海電話公司副總經理

安德列・杜本內（André Dubonnet）　1897-1980，樹澄兒子安尼賽特的父親

杜月笙　1888-1951，上海黑幫老大，青幫三巨頭之一，我們叫他「杜大耳朵」

李哥哥　爹爹和姆媽的四個教子之一

何豐林　1873-1935，1920 至 1924 年擔任上海淞滬護軍使

宋美齡　1898-2003，宋氏三姊妹中的小妹，嫁給國民黨領導人蔣介石

宋慶齡　1893-1981，宋氏三姊妹中的二姊，嫁給國民黨的創始人孫中山

宋藹齡　1890-1973，宋氏三姊妹中的大姊，嫁給金融家孔祥熙

阿三　紅頭阿三的簡稱

阿四　樹瑩家的管家

阿乾　樹瑩家的司機

阿興　樹瑩家的廚師

拉斯洛・鄔達克（László [Ladislav] Hudec）1893-1958，斯洛伐克建築師，他設計
　　了上海六十多座最著名的建築

金小姐　聖瑪利亞女校的教師

金玲　李哥哥的女朋友

周信芳　1895-1975，京劇大師，上海京劇流派的領軍者

周恩來　1898-1976，中華人民共和國第一任總理

怡親王　1686-1730，康熙皇帝的第十三皇子，名胤祥

胡蝶　1908-1989，曾被選為中國影后

約翰・亨利・凱斯維克爵士（Sir John Henry Keswick, KCMG）1906-1982，在中國
　　和香港頗有影響力的蘇格蘭商人，怡和商貿公司的大班

約翰・羅德里克（John Roderick）1914-2008，美聯社記者，趙梅溪的朋友

袁世凱　1859-1916，晚清軍事家，曾短暫擔任中華民國第一任總統

席正甫　1838-1904，香港上海滙豐銀行的第二任買辦

唐小腴　唐腴臚和端阿姨的女兒

唐腴臚　1899-1931，宋子文的秘書，端阿姨的丈夫

陳小姐　聖瑪利亞女校的數學老師

陳雲裳　1919-2016，1930 至 40 年代的上海電影明星，在電影《木蘭從軍》中
　　主演花木蘭

孫中山　1866-1925，中華民國第一任臨時大總統，國民黨創始人，宋慶齡的丈夫

乾隆帝　1711-1799，清朝第六代皇帝

梅蘭芳　1894-1961，京劇「四大名旦」之一

盛阿姨　姆媽去重慶的旅伴

康熙皇帝　1654-1722，清朝第三代皇帝

梁明　樹瑩在中西女塾讀小學時的同學，後受到爹爹的教導

張愛玲　1920-1995，著名的現代作家，中西女塾和聖瑪利亞女校的校友

張嘯林　1877-1940，上海黑幫老大，青幫三巨頭之一，我們叫他「枇杷張」

張翼　慈禧太后麾下的將軍，他的第九個女兒是親婆張潤禪

黃金榮　1868-1953，上海黑幫老大，青幫三巨頭之一，我們叫他「黃麻子」

程先生　一位解放軍軍官的兒子，文革後住進樹瑩童年的家

曾國藩　1811-1872，晚清軍事將領，朝廷重臣

楊先生　樹瑩家的裁縫

楊其美　樹瑩在聖瑪利亞女校的校友

裴麗琳　1905-1968，周信芳的妻子

慈禧太后　1835-1908，晚清的皇太后和攝政王

溥儀　1906-1967，中國的末代皇帝

蔣太太　聖瑪利亞女校的教師

蔣介石（蔣中正）1887-1975，國民黨的領導人，於 1928 至 1931 年、1943 至 1949 年擔任國民政府主席

端阿姨　樹瑩到香港時的旅伴

盧小嘉　1891-1968，樹瑩的寄爹，盧袁慧燉的丈夫，軍閥盧永祥的長子

盧永祥　1867-1933，軍閥，盧小嘉之父，於 1919 至 1924 年任浙江督軍

盧袁慧　1908-1990，樹瑩的寄娘，盧小嘉的妻子

魏白蒂（Betty Peh-T'i Wei）生於 1930 年，歷史學家和作家，著有《上海：近代中國的嚴峻考驗》（香港牛津大學出版社，1987）和《老上海》（香港牛津大學出版社，1993）

露蘭春　1898-1936，京劇女演員，黃金榮的情婦

顧祝同　1893-1987，國民黨陸軍總司令


## 其他

《金髮女郎》（Blondie）　美國連環漫畫，主角是美國金髮女郎布朗迪與達格伍德

《哈克貝利・費恩歷險記》（Adventures of Huckleberry Finn）馬克・吐溫描寫密西西比河生活的經典之作

**大世界**（Great World）老上海最大的娛樂中心，於1917年開發，後為黃金榮所有，位於愛多亞路和西藏路口

**大光明電影院**（Grand Theatre）容納2,400個座位的大劇院，由拉斯洛·鄔達克設計，於1933年竣工，位於靜安寺路

**大班**　在老上海，指西方貿易公司的負責人

**中央航空運輸公司**（Central Air Transport Corporation, CATC）1943至1949年，由聯合國資助，後來由國民黨政府承辦的航空運輸公司

**中西女校**（McTyeire School for Girls）樹瑩的小學和中學，位於憶定盤路，以霍蘭德·尼蒙斯·麥克泰爾主教的名字命名

**中國航空公司**（China National Aviation Corporation, CNAC）1929至1949年、1937年起由泛美航空公司和國民黨政府共同擁有

**中華書局**　四馬路上的大型書店

**天凝寺巷**　太爺爺在常熟修建孫家大院的地方

**太平天國**　1850至1864年，反抗清朝統治者的農民起義

**加里克**（The Garrick）香菸品牌

**外灘**　黃浦江沿岸的一片區域，外國人在那裡修建了銀行、商貿大樓和海關總署等

**民航空運公司**（Civil Air Transport Inc., CAT）1946至1968年，曾參與向中國內陸空運國民黨物資

**永安**　受大眾喜愛的百貨公司

**石庫門**　結合了英國聯排住宅和中國傳統庭院元素的建築風格

**先生街**　常熟市用爹爹繳納的罰款修建的街道

**共舞台**　位於愛多亞路上的劇院

**百樂門**（The Paramount）上海最大的舞廳，於1933年在靜安寺路開業

**老介**　福靜安寺路上的紡織品商場

**西園**　極司非爾路上的公寓，由亞歷山大·亞倫設計

**良友公寓**　白賽仲路上的公寓大樓

**兩**　貨幣單位，相當於一點三盎司的黃金或白銀（在1933年中國將國家貨幣統一為貨幣單位「元」之前，銀行儲備主要為五十兩的銀元寶，以及西班牙或墨西哥元）

**夜巴黎**　（Soir de Paris, Evening in Paris）法國香水品牌

拙政園　蘇州的一座精美的古典園林

東吳大學　衛理公會在蘇州建立的大學

《武家坡》　一部類似於荷馬史詩《奧德賽》的京劇劇碼

步け步け步け步け，北南東西，步け步け！　二戰時期的日本進行曲，其意為：
　　「走走走，東南西北，走走走！」

法國俱樂部（French Club）上海法租界的社交俱樂部，占地 9 英畝，以霞飛路、
　　蒲石路和邁爾西愛路為界，今為上海花園酒店

門角姑娘　類似於招魂的神秘遊戲

紅寶書　收錄了二百六十七條毛主席語錄，在文化大革命期間廣為流傳

舢舨　用槳或篙划動的小船，源自廣東「三板」

《閃電俠戈登》（Flash Gordon）　美國太空冒險主題的漫畫

香港上海滙豐銀行（Hongkong and Shanghai Bank）成立於 1865 年，為亞洲和西方
　　之間的貿易提供融資，即現在的滙豐銀行

浦東　黃浦江東岸的金融商業區，與外灘相對

崇讓里　爹爹在四馬路開發的住宅區

常通輪船公司（Changtong Shipping Company）太爺爺創建的客貨內河航運公司，
　　擁有十二艘客貨船舶，在上海、蘇州、無錫、常熟和杭州擁有多家造船廠
　　和修船設施

麥家圈　爹爹四馬路房地產發專案，包括約二十幢臨街商鋪及二百多間住宅公寓

惠中旅社　爺爺於 1920 年代開發的酒店集團，位於上海三馬路（漢口路）和湖
　　北路的交界處，在杭州、蘇州、天津和無錫設有分支

景德鎮　江西省的一座城市

無錫　江蘇省南部的一座城市，位於太湖之濱

華東商業銀行（Huadong Commercial Bank）由爹爹於 1931 年創建的銀行

華懋飯店　1920 年代開業的外灘酒店，現為和平飯店

越界築路　指公共租界以西的外部道路地區

黃浦　上海市轄區之一的黃浦區，上海最大的河流黃浦江

愛埃令夜總會　樹瑩最喜愛的夜總會，在古拔路和亨利路的拐角處

新華社　中華人民共和國官方通訊社

會樂里　四馬路的紅燈區

會稽　浙江省紹興府會稽縣，太爺爺出生於該縣的孫瑞鄉

滄州書場　親婆最喜歡的說書場，位於南京路

聖約翰大學（St. John's University）位於極司菲爾路的高等學府

聖瑪利亞女校（St. Mary's Hall）樹瑩高中最後三年的學校，位於白利南路

《解放日報》共產黨在上海發行的報紙

鼎泰錢莊　太爺爺於 1880 年代開辦的錢莊

榕園　上海的一座私家花園

網師園　蘇州的一座精美的古典園林

嘩啦嘩啦艇　一種小型摩托艇，因其發動機噪音大而得名

歸園公墓　上海近郊的墓地

雙妹花露水（Two Girls flower dew water）來自香港的古龍水品牌

羅湖　連接中國內地和香港的第一口岸

## 路名

| 曾用名 | 現用名 | 曾用名 | 現用名 |
| --- | --- | --- | --- |
| 三馬路 | 漢口路 | 哥倫比亞路 | 番愚路 |
| 公館馬路 | 金陵東路 | 極司非爾路 | 萬航渡路 |
| 六六八弄 | 鎮寧路 | 開納路 | 武定路 |
| 古拔路 | 富民路 | 湖北路 | 湖北路 |
| 四馬路 | 福州路 | 蒲石路 | 長樂路 |
| （原名教會路） | （被廣泛稱為「文化街」） | 愚園路 | 愚園路 |
| 白利南路 | 長寧路 | 愛文義路 | 北京西路 |
| 白賽仲路 | 復興西路 | 愛多亞路 | 延安東路 |
| 西摩路 | 陝西北路 | 邁爾西愛路 | 茂名南路 |
| 西藏路 | 西藏路 | 靜安寺路 | 南京西路 |
| 亨利路 | 新樂路 | 憶定盤路 | 江蘇路 |
| 南京路 | 南京東路 | 霞飛路 | 淮海中路 |
| 馬斯南路 | 思南路 | | |

樹瑩的弟弟孫樹棻以樹棻為筆名，在二十七年間創作出版了五十五本書，被人們親切地稱為老克拉。他曾擔任上海市作家協會理事和上海大眾文學學會副會長。

他的第一部長篇小說為《姑蘇春》（上海：上海文藝出版社，1978年）。

我們大量參考他以下書中關於孫氏家族和老上海的內容：

《生死劫》（香港：天地圖書有限公司，1994年）

《上海的最後舊夢》（上海：上海古籍出版社，1999年）

《豪門舊夢》（上海：作家出版社，2002年）

《上海舊夢》（香港：天地圖書有限公司，2002年）

《上海華爾滋》（上海：文匯出版社，2004年）

《最後的瑪祖卡》（上海：上海文藝出版社，2005年）

《上海灘風情》（上海：上海世紀出版股份有限公司，2009年）

樹棻還寫了關於我們家族三代族長的三部曲（香港：天地圖書有限公司）：

關於太爺爺的《爆發世家》（1995年）

關於爺爺的《風雨洋場》（1996年）

關於爹爹的《百足之蟲》（1997年）

除非另有註明，所有的照片和插圖都源自作者的家族收藏或公共領域。已盡最大努力確認照片的原始版權。

第18-19頁的地圖、插圖1至13和15由許明輝繪製。

第18-19頁的地圖、插圖14由孫倩繪製。

第 20、25、34、48、52、55、88、103、106、113、115、116、144、152、156、158、163、170、185、190、220、265頁由許明輝繪製。

第 27、42、75、77、80、114、124、126、131、164、195、202、216、217 頁由

樹棻部分作品封面

孫倩繪製。

第 32-33、46-47、57、78-79、87、105、115、130-131、150-151、166-167、178-179、195、204-205、216-217 和 248-251 頁以及書衣內襯均為樹瑩和芝潔收藏的刺繡旗袍的照片，由 Krista 和 Pete Mui 拍攝。

第 16-17 頁的海報為一套系列風景圖片中的第四張，由上海廣東路 307 號正興畫片公司發行，經澳洲雪梨的 Vince Ungvary 的私人收藏許可轉載。

第 62 頁蘇州網師園的地圖由 Kanga35 拍攝，由 Wikimedia Commons 提供。https：//commons.wikimedia.org/wiki/File：2004_0927-suzhou_masterofnetgarden_paintedmap.jpg（於 2017 年 6 月 21 日訪問）。

第 64、67、68、98、132 和 186 頁的照片來源於紐約公共圖書館。

第 101 頁上海大世界的海報由黃善賚設計，1957 年首次出版，此為 1958 年版本。這位插畫家描繪了傳統的娛樂場所，但增加了毛澤東時代的元素，比如塔頂的紅旗和星星，以及毛澤東時代的口號，如「百花齊放、推陳出新」。海報由荷蘭阿姆斯特丹國際社會歷史研究所的 Stefan R. Landsberger 收藏。https：//chineseposters.net/posters/pc-1957-006.php（於 2017 年 7 月 7 日訪問）

第 141 頁的照片取自《上海小藍本》（The Little Blue Book of Shanghai, Shanghai: ISADA,1932），經澳洲雪梨的 Vince Ungvary 私人收藏許可轉載。

第 168 頁的照片由 Hugues Martin 提供。

第 178 頁的照片由紐約萬達姆工作室約於 1930 年至 1939 年間拍攝。來自三藩市表演與設計博物館收藏的「洛伊斯・拉德文獻」（Lois Rather Papers）。

第 205 頁的照片來自《一代影后陳雲裳》，盧琰源主編（北京：新華出版社，2001 年），經陳雲裳許可轉載。

第 206 頁的照片由 Frank Chu 提供。

第 214-215 頁的圖片來自一套罕見的拼圖。經澳洲雪梨的 Vince Ungvary 私人收藏許可轉載。

第 225 頁的圖片「沿著毛主席的革命文藝路線勝利前進」由中央工藝美術學院於 1968 左右集體創作。來自荷蘭阿姆斯特丹國際社會歷史研究所的 Stefan R. Landsberger 收藏。https：//chineseposters.net/posters/e13.632_633_634.php（於 2017 年 7 月 7 日訪問）

第 270 頁：來自嘉德拍賣行。https：//yz.sssc.cn/item/view/1791231（於 2017 年 6 月 22 日訪問）

# ISABEL SUN CHAO 趙孫樹瑩
## 1931-2023

Our beautiful mother Isabel Sun Chao passed away peacefully on 13 March 2023, the day after her 92nd birthday.

The third daughter of a scholar-landowner and a socialite, she grew up in Shanghai during tumultuous times. She arrived in Hong Kong on a spring holiday in 1950, just 18, not realizing she would never see her father again nor return to her beloved hometown for three decades.

She soon met Raymond Chao, a fellow Shanghai émigré, across a crowded dancefloor. They wed in 1956 and never looked back. While Raymond ran one of Hong Kong's first advertising agencies, she worked for more than 30 years as cultural affairs specialist in the US Consulate General.

She recounted her life story in the award-winning five-generation memoir Remembering Shanghai. In addition to her children and grandsons, she leaves behind the sole surviving sister among six siblings, Suen Shu Chuen 孫樹荃.

Beloved by a wide circle of friends, she was the brightest light and the clearest voice in every room that she graced. We will forever miss her love of life, charm and wisdom, and hope she will find angelic "legs" for her heavenly mahjong table.

We thank Daisy and Armando Manalac and their family for their devotion to our parents for over 20 years.

In accordance with our mother's wishes, services will be for immediate family only.

**Ann & Leslie Chao and their sons Alexander & Garrett**
**Lloyd Chao**
**Claire Chao & John Falzarano**
**hello@rememberingshanghai.com**

趙孫樹瑩的訃聞，刊登於《南華早報》，2023 年 3 月 16 日。

國家圖書館出版品預行編目（CIP）資料
追憶上海：一部關於名媛、學者與浪子的家族回憶錄／趙孫樹瑩（Isabel Sun Chao）、趙芝潔（Claire Chao）著／初版／新北市：黑體文化，遠足文化事業股份有限公司發行，2024.05
　面；　公分
ISBN 978-626-7263-82-2（平裝）
1.CST：趙氏 2.CST：回憶錄 3.CST：家族史

782.7 113004796

特別聲明：
有關本書中的言論內容，不代表本公司／出版集團的立場及意見，由作者自行承擔文責。

 黑體文化　　　 讀者回函

黑盒子 24

# 追憶上海：一部關於名媛、學者與浪子的家族回憶錄
Remembering Shanghai: A Memoir of Socialites, Scholars and Scoundrels

作者・趙孫樹瑩（Isabel Sun Chao）、趙芝潔（Claire Chao）｜責任編輯・涂育誠、龍傑娣｜美術設計・林宜賢｜出版・黑體文化／遠足文化事業股份有限公司｜總編輯・龍傑娣｜發行・遠足文化事業股份有限公司（讀書共和國出版集團）｜地址・23141 新北市新店區民權路 108 之 2 號 9 樓｜電話・02-2218-1417｜傳真・02-2218-8057｜客服專線・0800-221-029｜客服信箱・service@bookrep.com.tw｜官方網站・http://www.bookrep.com.tw｜法律顧問・華洋法律事務所・蘇文生律師｜印刷・凱林彩印股份有限公司｜初版・2024 年 5 月｜定價・550 元｜ISBN・9786267263822（一般版）、8667106517690（簽名板）｜EISBN・9786267263815（EPUB）、9786267263808（PDF）｜書號・2WBB0024｜版權所有・翻印必究｜本書如有缺頁、破損、裝訂錯誤，請寄回更換